萬物生長

生長

端工作室——著

十個故事裡的中國

「十個故事裡的中國」總序
看見人，看見政治

端傳媒 總編輯　張潔平

　　做了十年中國新聞之後，我本以為很少有事情會令我「意外」了。這片國土上的故事，不乏溫情、勇氣、野心、妙思與幽默感，也不乏對荒誕、悲慘、愚蠢和壞構成的下墜空間的無限想像。

　　只是2017年，很多事仍然超過了想像。而這種「超過想像」，令書寫和記錄的我們重新思考：到底什麼樣的敘事，才能再逼近真實中國的同時，對抗權力灌輸的話語，也克服主流的陳詞濫調。

　　已坐牢八年多的諾貝爾和平獎得主劉曉波，在這一年，因為肝癌去世，最終沒有等到自由。而在他生命的最後一個月，當局進行了一場有如凌遲般的「死亡直播」：在徹底控制他和妻子劉霞的自由的同時，當地醫院、醫生、政府不斷向全世界通報他的病情進展，在專業上，鉅細靡遺到器官如何一點點衰敗，在氛圍上，不斷放出醫生會診、病人微笑的照片。於是，人們沒能聽見作家劉曉波說一句話，卻目睹了他軀體死亡的全過程。然後是海葬，迅速，徹底，挫骨揚灰。

以上這段敘事，當然來自我基本的情感立場。若從中國政府的立場，可能會是另一個角度——對待政治犯，中國何曾有過這樣好的待遇：頂級國內外醫生團隊會診，醫院專設病房看護，設立新聞發佈渠道及時通報病情，舉辦追悼會和海葬儀式，然後還開全球新聞發佈會，提供具有國際通訊社水準的海葬照片。如此高規格送終，仁至義盡。這才是官方描述中的常見敘事。

　　是直播凌遲，還是高規格送終？不同敘事來自不同視角。而這兩種視角，最根本的差異在於：有沒有看見「人」。不只是皮囊肉身的生命機體，而是有思想自由與尊嚴的人。官方敘事，洋洋自得於自己如何高成本維繫一具肉體的運作到最後一刻，刻意忽略的，是它如何殺死一個知識分子的表達自由，毀滅他的思想結晶（據悉在海葬之後，官方沒收了劉曉波在獄中留下的所有筆記），斷絕了他與外界的所有交流。而後者，才是他為人尊嚴的唯一和全部體現。

　　權力之壞，莫過於抹殺人性。而記錄之責，首先在於喚回人性。無論是那些被消聲的受害者、被英雄化的異議者，還是被刻板印象鎖定的體制成員、被沸騰輿論淹沒的小人物，當面對龐大繁雜的中國故事時，我們首先想做的，就是讓他們重新恢復成「人」，展現人的豐富樣貌。

　　「大國」之下，要見「小民」。端傳媒記錄中國的深度報導，

絕大多數，是以一個個具體人物的處境，帶出時代細節。有為兒子的冤案平反堅持了21年的母親，有從1989年一路走來的人權律師，有以艱苦的紀錄片拍攝作為社會行動的知識分子，有在互聯網浪潮中紛紛轉行的調查記者，有新疆生活在封閉之中的小市民，有因為開日本車就被愛國青年砸穿腦袋的普通人……而恰恰在這樣的「小民」之中，能見真正的萬物生長：奮鬥一輩子進入中產門檻的爸爸媽媽，怎樣為孩子進「名校」爭得頭破血流？去馬來西亞買豪宅的中國人，真的都是有錢人嗎？活佛怎樣成了京城新貴？「小鮮肉」何時代替「演員」，充斥了影視產業？大媽的廣場舞，竟然跳出了千億的市場？中醫養生神話阿膠，殺了多少非洲驢？這十多年來跳入滾滾創業潮的年輕人，他們還好嗎？

2017年底，端傳媒將過去兩年多的深度報導整理集結，編成「十個故事裡的中國」系列叢書，從前兩本《大國小民》和《萬物生長》開始，陸續與讀者見面。

在挑選編輯的過程中，我們希望中國以外的讀者，可以在這些名不見經傳的小人物身上，看見人，看見真實中國的一角。而另一方面，我們也希望，中國大陸的讀者，如果有機會看見這本書，可以從這裡看見堂堂正正的「政治」——那個在日漸封閉的盛世裡越來越少看見的詞語。

去人性化、去政治化，這是威權政府最有效的統治工具。前者透過宣傳機器達成，後者則透過長時間的宣傳教育、恐懼氛圍在社會自然形成。人人都認為政治是骯髒的，即便他們在實踐著改變世界的夢想，甚至連直接進入政治反對運動的人，也因為各式各樣的憂慮，對政治諱莫如深。

　　面對劉曉波，你無法不看到他作為作家、詩人、思想者和愛侶的豐富人生，同樣地，你也應該正視他作為1989年之後中國政治反對運動旗手的重要地位，和他行動的政治價值。

　　一個豐富而立體的人物，值得比同情更多的理解，比謾罵更多的審視。中國也是一樣。

目次

瘋狂的驢皮：
342億的中國阿膠市場，
要殺多少非洲驢？

▌ 吳婧

央企以營銷手段打造「阿膠傳說」，近年受中國中產階級熱捧，萬里之外的非洲毛驢由此遭
遇滅頂之災。

45歲的費利蒙・斯拜亞（Philemon Sibaya）在南非西北省經營運輸業，員工是八隻驢子。它們把家具、建材和農作物運輸到顧客想要的地方，每月為老闆帶來400美金的收入。「下班」後，費利蒙會讓驢子們在家附近的灌木叢裡吃草。他從沒擔心過安全問題，只將驢的兩條後腿綁在一起，以防它們跑去太遠的地方。

　　直到2016年11月的一天早晨，費利蒙發現員工集體失蹤了。後來他在離家較遠的一塊空地上找到其中七位——被剝掉了皮、橫躺在血泊中。只剩下一位得以保留全屍，因為剝驢皮的賊還未來得及下手，便聽到費利蒙的腳步聲逃跑了。「這就像是你的車被偷了，找到後卻發現它已經不能修了，」對記者談起此事時，費利蒙眼裡有淚。他後來知道，賊要的只是驢皮——這些皮子將被塗滿厚厚的鹽，在太陽底下曬乾，然後和上千張同樣的皮子裝進集裝箱裡走私出南非，最終進入一萬多公里之外的中國，製成一種據說有營養價值的傳統食材：阿膠。

　　這些棕色、略帶腥臭的膏塊以昂貴的價格出售給中國消費者，60歲的張連勝便是其中之一。他每天取一小塊兒阿膠，放在杯中，用沸水沖開，攪拌，再喝下去。「你看不出我60歲，就是因為我吃阿膠。」他堅信阿膠令自己「幹活不累、走路有勁、晚上不起夜」。

　　驢皮——在中國山東省的張連勝和南非西北省的費利蒙之間建

立了一種荒誕的聯結。張連勝不會知道，讓自己感到年輕有活力的阿膠令遠在南非的費利蒙一朝破產；正如費利蒙無法理解，中國人為什麼對驢子身上那層皮懷有瘋狂渴望。這是一個由商家栽種的慾望，結合了中國新富階層對提升生活品質的狂熱，在中國、南美、中亞和廣袤的非洲大陸掀起了一場驢皮征伐戰。

中藥界的LV

　　生意最好的時候，張連勝一天賣了30多萬人民幣的阿膠。他的小賣部是間不到20平方米的破舊平房，三面貨架上堆著各類阿膠產品：阿膠塊、糕、漿、粉、棗、酒。其中大部分商品來自東阿阿膠股份有限公司（下稱「東阿阿膠」）。

　　東阿阿膠是中國最知名的阿膠廠商，隸屬於中國央企華潤集團，廠址在山東省聊城市東阿縣。阿膠因出自東阿而得名，東阿縣也被稱為「中國阿膠之鄉」。

　　張連勝的小賣部就開在通往東阿阿膠舊廠的路口。我和南非撰稿人奇蒙・德・格里夫（Kimon de Greef）以南非驢皮商人的身份走進這家小店，奇蒙正在為英文媒體撰寫南非驢隻被盜殺的相關報導。

全球驢皮貿易概覽圖（端傳媒設計部）

在確認我不是東阿職工後，張連勝湊近低聲道：「我廠裡有渠道，可以拿到便宜的價格。你看那兒有多少訂單！」他指向門口貨架上的票據叉——木板上豎著一根長釘，雜亂而厚密的訂單魚貫穿在釘上。

「網上買的人也很多，」張連勝展示他的微信通訊錄——來自全國各地的批發商，用手指滑屏數次，依然不見底。

張連勝的小賣部開了30年，前十年賣煙酒，後二十年專賣阿膠，因為生意直往上走。「東阿越提價，阿膠越珍貴，人們越想買。阿膠就像黃金，」停了一下，張連勝又說，「比黃金還貴。」

在中醫傳統裡，阿膠並不是珍貴藥材。即便十年前，阿膠都沒有這麼高的人氣和價格。當時中國只有幾家大企業生產阿膠，佔市場份額七成的東阿阿膠年銷售額不過10億元。但到了2016年，東阿阿膠銷售額超過63億，整個中國的阿膠市場規模達到342億。

阿膠是怎麼火起來的？2006年，進廠32年的山東人秦玉峰接任東阿阿膠總經理，他做了兩件事：一面從史料典籍發掘資料，講故事做營銷；另一面，漲價。

阿膠被包裝成自古以來的滋補聖品，只有身份尊貴的人才能享用，而東阿阿膠正是這一國粹的傳承者——於1952年建廠的東阿阿膠傳承了有2000年歷史的製作工藝，原料是血統純正、體格高大的

黑毛驢，熬膠的水是能「分離雜質」的泰山、太行山兩大山脈交匯的地下水。

東阿阿膠宣傳：每年冬至子時取的水，配合金鍋銀鏟桑木柴，歷經九天九夜熬製的阿膠，即是清朝皇帝也愛吃的特製阿膠──「九朝貢膠」，每250克售價25999元。

為了把故事講好，東阿阿膠興建了佔地200多畝的東阿影視城，展示阿膠「三千年歷史文化」；斥資四千餘萬修建中國阿膠博物館──中國首家以一種中藥為主題的博物館；還投入千萬在熱播電視劇《甄嬛傳》裡植入廣告，劇中的皇帝妃子養身健體都靠「東阿阿膠」。

為了打破只有老年人才食用阿膠的刻板印象，東阿阿膠特別針對都市年輕群體開發產品：加入堅果、以甜點形式出售的「桃花姬阿膠糕」、便攜片劑「小分子阿膠」等，名字聽起來既有韻味又飽含科技感。

故事講好了，模樣也更新了，東阿阿膠隨之開始大幅漲價──十年內漲價16次，每250克阿膠售價從2006年的25元漲到2016年的1350元，漲幅高達54倍，終獲「中藥界的LV」之稱。

這一系列營銷手段，正趕上中國中產階級人數猛增和消費升級的熱潮。不僅東阿阿膠銷售一路狂飆，豐厚的利潤也吸引多家知名

中藥廠商加入「戰局」，到2016年，中國生產阿膠5600噸，市場規模達342億。

　　但多年來，這門生意始終有個無法逾越的障礙——驢皮不夠用。按目前阿膠銷售量估算，一年至少需要400萬張驢皮，而國內總供應量不足180萬張，飢餓的阿膠廠商將目光投向了國外。

「中國人要殺光全世界的驢」

　　71歲的盧東林在肯尼亞經商20年，主要做牛羊皮貿易。2012年，他回國拜訪河北省保定市蠡縣一個叫留史的小鎮，那裡有亞洲最大的皮毛集散地。

　　在留史鎮，盧東林第一次看到成堆的驢皮，每斤的收購價是50元。彼時正值牛羊皮價格下跌，肯尼亞的牛皮一斤售價2元，盧東林賣一張牛皮只能賺四五毛。見到驢皮如此值錢，盧東林便回肯尼亞開了當地第一家驢屠宰場——金牛公司。

　　屠宰場於2016年4月開業，每天最多宰殺六百隻驢。附近的驢很快就被買光了，盧東林雇了五、六十個驢販子，這些人拿著金牛公司開的介紹信，到集市上、村子裡挨家挨戶買驢，再一起賣給屠宰場。有的一次送來5隻，有的送三大卡車——一車能裝40隻。收驢的

半徑從屠宰場外二、三十公里延伸至兩三百公里，一隻驢的身價也從六七千先令（肯尼亞貨幣單位，一美元約等於103先令，七千先令約合67美元）飆升到兩萬先令左右。

金牛公司成了肯尼亞最大的驢屠宰場。在此之前，肯尼亞的驢從來沒有這麼值錢過。

一直以來，這些灰色、瘦小的馬科動物被放養在肯尼亞的山野田間，除了晚上回農戶家飲水，大多數時候都無人問津。有時，它們被用作旅遊工具，馱著遊客看看風景；或由小孩趕著、將兩大桶沉甸甸的水運回家。

「這裡99%的驢都沒有用，半野生的，」盧東林說。除了沙漠地帶，當地人沒有吃驢肉的習慣。村民們告訴盧東林，如果把野外到驢圈的路上撒一路草，第二天早上驢圈就會有200隻驢。

但中國市場龐大的胃口改變了這一生態。

黏連著血肉的驢皮變成了鈔票。2000年，一張驢皮在中國國內的收購價是20多元，到2016年，價格已暴漲至2500元。張連勝聽過太多因倒賣驢皮而暴富的傳說：一個廣東商人多年前去南非收驢皮，當地人不懂驢皮的價值，免費送給他，讓他一次賺了600萬。這個商人現在有個南非的妹夫，專門幫他在南非收驢皮。前不久，他還從張連勝這裡買走了30公斤阿膠，用來犒賞南非的驢皮販子。

和暴富的故事一起流傳的，是非洲大陸多個國家曝出的偷盜、屠殺驢事件，以及逐漸升級的怨氣。

2017年1月，南非警方在東北部城市貝諾尼查獲5000張驢皮。此前一天，北開普省發現100多隻毛驢被非法宰殺，這些毛驢先被榔頭錘暈，再被活剝皮。警方懷疑北開普省是貝諾尼「驢皮大本營」的分站之一，它們的最終目的地都是中國。2015年起，竊驢、殺驢和獸皮交易在南非一直蹭蹭往上漲。

還是在2017年1月，南非一檔調查類新聞節目Carte Blanche播出了因為驢皮交易被屠殺的報導，在社交媒體掀起針對華人的仇視言論。一些評論稱中國人是「地球上最卑劣的東西」，甚至有人建議殺掉中國小孩，使得當地華人公會對這些仇外言論提出法律控告。

有45年歷史的英國動物福利組織The Donkey Sanctuary（毛驢庇護所），今年初發佈報告《皮囊之下（Under The Skin）》，指出中國對驢皮的巨大需求嚴重影響了全球驢群的生存。一時間，「中國人要殺光全世界的驢」的說法受到廣泛譴責。

全世界的環保人士對中國不滿已久。中國人對象牙、犀牛角、紅杉木的虛榮心和龐大胃口，已在非洲掀起獵殺狂潮和毀滅性砍伐。但這一次，因為殺驢被譴責，讓中國人有點難以接受。

面對歐美各大媒體的口誅筆伐，東阿阿膠掌門人秦玉峰曾向

《環球時報》做出回應：中企在海外進口驢符合市場國際化的需要，也在一定程度上有助於解決一些地方驢數量過多的問題。他特別提到：從倫理道德上說，中國人買驢皮製作中藥，至少比拿動物做包要強。

不過，這個回應無法抵消國際社會的質疑。在非洲，不同國家看待驢的傳統不同，但有一點是共通的：運輸工具。以埃塞俄比亞為例，該國擁有非洲最大的驢群——740萬隻。每隻驢的潛在工作壽命達20年，每年可創造330美元收入。這些驢子是農村生活的重要交通工具和生產工具，而該國有超過八成的農村人口。

在南非，失去8隻驢子的費利蒙如今只能用一輛二手破皮卡跑運輸，成本比從前高很多。在他所居住的地區，驢子已經很少見了。和非洲很多失去驢子的老百姓一樣，費利蒙沒有能力再買新驢。隨著中國人買驢的腳步，非洲各地的驢隻價格也水漲船高。

因為中國人要抵抗衰老，導致非洲貧困人口賴以為生的牲畜被盜殺，這大抵是驢皮貿易在國際社會引起爭議的最主要原因。2015年，巴基斯坦成為首個禁止驢皮出口的亞洲國家。據毛驢庇護所統計，從2014年起，該國陸續出口了20萬張驢皮到中國。緊接著，尼日爾、布基納法索、馬里、塞內加爾、岡比亞、烏干達等國亦相繼出台禁令。

但在豐厚利潤的誘惑下，禁令形同虛設。

「給海關紅包，不就可以出口了麼」

據中國海關信息網顯示，2016年中國共進口七千噸驢皮，主要來自美國、墨西哥、秘魯、新西蘭、埃及、澳洲等國。但實際出口驢皮到中國的國家數量遠多於此。

高峰時期，盧東林的金牛公司一星期能發兩個集裝箱、四千張驢皮，主要出口到香港和越南。這兩個地方是大多數非洲驢皮進入中國的中轉站。在禁止或限制驢皮出口量的國家，商人會將驢皮謊報成其他皮子運出非洲，先到越南或香港，再搖身一變，報成驢皮進入中國。

「給錢就放行，」盧東林說。儘管金牛公司辦理了正規出口手續，但據他介紹，大多數從非洲到中國的驢皮都繞不開走私這一環節。

「打個比方，你本來能賺100元，但如果走海關、交稅，就只能賺40元，」張連勝說。

通過張連勝引薦，我和奇蒙認識了廣州的老邱，他在尼日利亞做了幾年驢皮生意。奇蒙佯裝成想把驢皮賣給中國的南非商人，我則是他的翻譯兼助理。

交談過程中，老邱不斷要求「看貨」，「驢皮好（我）都可以

要，關鍵還有價格。」

「聽說東阿不要南非的驢皮？」我問。在此之前，我們以同樣的身份諮詢過東阿阿膠負責進出口的工作人員，對方表示因為沒有和南非建立貿易協定，他們目前不收南非的驢皮。

「這個你放心，我的皮一定要，」老邱建議我們「想辦法」把驢皮發到越南海防，「你也知道我們都是從偏門出的，可以直接進到東阿阿膠。國企你也知道，做了直接入賬，賺得到錢的。」

我和奇蒙又以同樣的身份結識驢皮商人大姚。他每天在微信朋友圈分享大量疑似傳銷企業的產品。

大姚入行兩年多，他建議我們把貨運到香港，「香港不會查，有專業的朋友從香港運輸到深圳。」大姚還建議把驢皮當馬皮申報，「要不貨櫃後面幾排裝馬皮。給南非海關點紅包，不就可以出口了麼？」

重利之下，除了集團式走私，個人的冒險行為也數不勝數。

「無論懂不懂、有沒有錢，都來倒驢皮，」盧東林說，近兩年，很多中國人拿著旅遊簽證到肯尼亞倒驢皮，「他們讓當地人去偷驢，在森林裡屠宰，再把驢皮走私出去。」盧東林辦理了合法手續，每宰殺一隻驢都要給政府上250先令的稅。相比起來，盜殺的成本更低，來錢更快。

在無人看管的林間，驢皮販子將潮濕血腥的皮子放到太陽底下曝曬，直至其乾燥。直接曬乾後的皮子一張不到4公斤重，被稱為「甜皮」。相比起塗滿鹽才曬乾的「鹽皮」，「甜皮」易生蟲，但重量輕一倍，這是淘金者們最看重的。因沒有正規手續，他們把三五一捆的甜皮通過空運走私出境。除了要賄賂機場的人，每張皮的空運費亦高達八美元。但即使這樣，還是能掙不少錢。

肯尼亞當地人也捲進了這場驢皮帶來的財富遊戲。

盧東林見過太多揣著支票和一夜暴富夢想的中國商人，在肯尼亞當地被騙得團團轉。他們在當地網站詢問驢皮的下落，而回應者中「十個有八個是騙子」；有的人不懂英文，被人在發貨地址上做了手腳，付了錢、回到家，卻永遠也等不到貨。有當地騙子溜進金牛公司拍照，再拿著照片偽裝成屠宰場老闆，和中國人簽合同。交了錢的中國人租下大卡車到盧東林的廠裡提貨，才發現自己被騙了。盧東林說，金牛公司的門衛不知道攔截過多少來提貨的中國商人。他們拿著「合同」問：「我的驢皮呢？」曾有商人一次損失80萬美金，他拒絕相信自己被騙，堅持要警察抓住盧東林。

坐在小賣部裡，張連勝每天都能看到載滿驢皮的卡車從門口的土路上軋過去，呼哧呼哧——一輛接著一輛，那是來自全國乃至世界各地的驢皮運進東阿阿膠的聲音。順著這條路往裡走幾百米，就

是東阿阿膠的老廠區——如今用來存放驢皮。

　　視線所及的露天空地大約可以畫個400米標準跑道，像停車場裡整齊排列的汽車一般壘滿了灰黑色的驢皮垛子，每一垛都有一人高。濃郁的氣味撞擊著鼻腔——那是一種蛋白質在濕熱環境中分解的味道。只要這裡的皮子一天供不應求，非洲大陸瘋狂的驢皮生意就不會停止。

阿膠真有營養嗎

　　既然中國市場如此愛驢，在世界範圍大動干戈，為什麼不自己養呢？早在2002年，東阿阿膠就試圖通過養殖活驢擺脫對收購的依賴，他們在新疆、內蒙古、甘肅、山東、遼寧等地建立養驢基地，鼓勵當地農戶「把毛驢當藥材養」。

　　東阿阿膠還一度在允許驢皮貿易的埃塞俄比亞開建驢屠宰場。但由於食用驢肉在伊斯蘭教中被視為禁忌，屠宰場遭到當地居民強烈反對，事態惡化至一名示威者在抗議中死亡，數人被捕。屠宰場在啟動不到一個月後被關閉。

　　身為山東省人大代表的秦玉峰在山東省「兩會」上數次提議，讓毛驢像牛、羊一樣享有國家扶持政策。2015年11月，中國畜牧業協

會驢業分會成立，秦玉峰以高票當選首任會長，此後每年都會召開驢業發展大會，討論如何擴大毛驢養殖、提高毛驢身價。

不過，試過養驢的盧東林一直有個困惑——養驢怎麼可能賺錢？

一年前，金牛公司開闢近33畝地專門養驢，最初有七八百隻，此後便不停地死、變瘦，如今只剩不到一百隻。

驢要兩、三年才成型；生育率也低，每隻驢平均一年生一個或者三年兩個。「五隻驢的價格也不夠一隻驢的草錢，」盧東林說，「養驢就是賠錢。」

「驢是非常敏感的動物，很容易感到壓力，它們是無法大規模養殖的，」毛驢庇護所的亞力克斯‧邁耶斯（Alex Mayers）在接受媒體採訪時說。

媒體亦曾質疑東阿阿膠的「養驢大計」：「十幾年過去了，公司目前自建基地到底能養多少頭驢，能夠提供多少驢皮，東阿阿膠從未進行過披露。」

另一個更諷刺的問題是——阿膠真有營養麼？

多年來，關於這個問題的爭論從來沒有停止過。

《中國藥典（2015年版）》記錄了阿膠的製作方法：將驢皮浸泡去毛，切塊洗淨，分次水煎，濾過，合併濾液，濃縮至稠膏狀，冷凝，切塊，晾乾，即得。

「阿膠就是水煮驢皮，」醫學網站丁香醫生撰文指出，阿膠廠商宣傳的補血氣、滋陰、潤燥、養顏、安胎、抗疲勞等神秘功效，在醫學上很難科學地量化或驗證。阿膠就是一種安慰劑，「你信，它就靈。」

在科普網站科學松鼠會上，美國食品技術協會高級會員雲無心寫道：阿膠的主要成分──膠原蛋白含有大量的非必需胺基酸，更缺乏人體必需的色胺酸，因而在營養意義上是一種劣質蛋白。

至於阿膠廠商宣揚的補血功效，雲無心指出，古人說的「血」跟我們現在說的「缺鐵性貧血」的「血」根本就不是一回事。網上流傳一個笑話：貧血病人吃了上萬元的阿膠沒效果，結果被幾十元的鐵合劑治好了。

更有中醫學者考據，早期中藥典籍裡，熬製阿膠的原材料是牛皮而非驢皮。據漢朝《名醫別錄》記載，阿膠為「煮牛皮作之」。直到五代至宋朝期間的「牛皮之禁」，彼時戰亂頻繁，為了保證牛皮用於軍事，官方嚴控牛皮的民間買賣，驢皮才逐漸取代牛皮用來製作阿膠。

不過這些討論都沒有影響到阿膠的銷量。在阿里巴巴旗下的天貓商城，出售阿膠的品牌就有近200個。「東阿阿膠大藥房旗艦店」的產品介紹下有近萬條消費者留言：「治貧血效果確實好。」「給

婆婆買的，她很喜歡，包裝很精緻，很上檔次。」「一直在吃，常吃有好氣色。」「聰明女人都要好好愛自己，補氣血還是東阿阿膠！」……

這些留言讓全球奔波的驢皮販子們滿懷希望。

冬季將至，中國人進補的時節又到了。

（張連勝、老邱、大姚為化名）

（南非撰稿人奇蒙・德・格里夫Kimon de Greef對本文亦有貢獻）

一場「名校」爭奪揭露的中產階級歧視鏈

| 吳婧

這是一場兼具懸疑、諜戰、悲劇和黑色幽默的「名校」爭奪戰，沒有勝利者，卻劃分出了中產內部的新階級。

澳龍名城位於攀成鋼片區，顧強說，攀成鋼片區代表了成都人的「中國夢」。
（攝：周強／端傳媒）

萬醒揚覺得自己被「搶劫」了：他們四座樓盤的居民集資興建了一所小學，如今學校蓋好了，自己的兒子卻無法入讀。

他和鄰居們打算去教育局討說法。至此，附近六座樓盤全部陷入對這所小學的爭搶，連高端片區也意外入局。用萬醒揚的話說——「戰場」已成「一片火海」。

「名校」出現之後，低調的孩子有糖吃？

杜春夏在2017年2月得知，這座位於馬家溝160號的小學剛剛完工，將在9月招生。傳聞說它是成都最好的五所公立小學「五朵金花」之一——成都師範大學附屬小學（簡稱「成師附小」）的望江校區。而杜春夏居住的小區「萬科・金潤華府」距離這所小學只有600米遠。

孩子有機會讀名校了！小區的微信媽媽群裡一片歡騰。

中國大陸的中小學生一般按照家庭居住的區域劃分公立學校。金潤華府的居民原先對口的小學是沙河堡小學，離小區大約1.7公里遠。在2016年的一份家長調查中，這所小學在所屬錦江區的33所小學裡，排名倒數第三。而現在，600米外新落成的「名校」出現了。

以媽媽群為主力，金潤華府對這所傳聞中的「名校」展開「猛烈追求」。行動分為兩步：面向社會輿論，和面向教育局。媽媽們

手裡牢牢抓著的原則，一是教育部曾承諾的「就近入學」，二是孩子們前往沙河堡小學將要跨越車輛繁多的主幹道。三月底，她們在微博和各大論壇，發佈了精心準備的、以孩子口吻寫就的「請願書」：「這條馬路真的好寬！家旁的小學建好了，我想去上學。」媽媽們還相約，兩天後一起去錦江區教育局上訪。

　　但在請願書發表的第二天，杜春夏從群裡收到了取消上訪的消息。群裡通知，教育局已經傳話：金潤華府的對口學校，已經改為新落成的馬家溝160號的小學；當局還提醒，在正式文件下發之前，請業主們不要到處聲張。

　　「低調吃糖」，杜春夏笑著形容自己和小區媽媽們的心情。她今年29歲，女兒不到兩歲。

　　不過消息還是傳出去了。金潤華府的媽媽群裡「混入」了不少其他小區的媽媽，比如——和金潤華府只隔著一條馬路的沙河壹號小區。

　　很快，沙河壹號的小區門口便出現海報，說金潤華府已經成功了，我們也要爭取。金潤華府的媽媽買菜路過沙河壹號時，也會被邀請在請願書上簽字。

　　沙河壹號的業主曲穎說，早在3月初，兩個小區都曾請求教育局將自家小區劃入新學校，均遭到回絕。讓她懊惱的是，金潤華府迅

速組織了第二次公開請願，沙河壹號卻慢了一步。「大家當時說觀望一下，如果金潤華府能劃進去，我們離（學校）得更近，肯定也沒問題。」畢竟，自己的小區距離這所「名校」只有不到500米，比對面的小區更近。

沙河壹號的居民們也仿照對面，寫了孩子口吻的請願書：「老師說，我是個勇敢大膽的孩子。可是我卻從不敢一個人，走這個十字路口。沒有紅綠燈，我也看不見前方……」

出乎曲穎的意料，4月11日，成都錦江區教育局宣佈新小學的劃區結果，沙河壹號被排除在外。「像是被澆了一盆涼水，一盆臭烘烘的涼水，」曲穎說。

感到涼水澆頭的不只是沙河壹號，還有錦東庭園和致瑞雅苑。這兩個小區同樣沒有被劃分進名校的口袋，而他們甚至還是這所新學校的共同出資者。

「這和搶劫沒什麼區別！」萬醒揚是錦東庭園的業主，據他解釋，這所新落成的小學，原本就是由錦東庭園、致瑞雅苑、望江水岸和望江錦園四個小區業主共同出資籌建的。建校的成本，平均攤到每個業主的購房成本裡，每平方米多出了2000多元人民幣。

四個小區中，望江水岸和望江錦園是四川省政府公務員的住房，而錦東庭園、致瑞雅苑的業主大多來自農科院和林科院。36歲

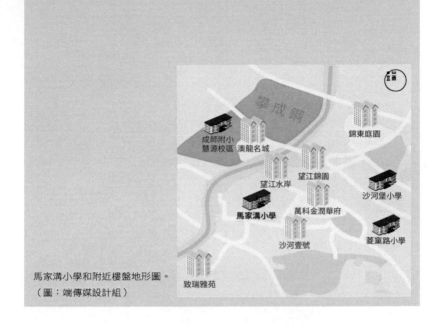

馬家溝小學和附近樓盤地形圖。
（圖：端傳媒設計組）

圖中標註：
- 攀成鋼
- 成師附小 慧源校區　澳龍名城
- 錦東庭園
- 望江水岸　望江錦園
- 沙河堡小學
- 馬家溝小學
- 萬科金潤華府
- 菱窠路小學
- 沙河壹號
- 致瑞雅苑

的萬醒揚，就職IT行業，妻子在林科院從事行政工作，夫妻倆有一個3歲的兒子。

萬醒揚最看重這所小學的學生來源：四個小區的父母都來自事業單位，學歷高、工作穩定、重視教育，他相信，成長於這些家庭裡的孩子比較有素養。

他怎麼也沒想到，錢交了，學校沒了。教育局最終只將望江水岸和望江錦園劃入了該小學的片區。

四個小區立即聯名向教育局請願。住在望江水岸和望江錦園的公務員們雖然入學無虞，但他們也想替自己的孩子選選同學。除了像金潤華府和沙河壹號這樣的商業樓盤，新小學附近還有不少拆遷安置小區，「他們還是希望能和同層次或上層在一起，怕自己的孩子被（安置小區的孩子）帶壞吧！」萬醒揚說。

不過，公務員們很快在請願中見識到自己的弱勢。4月中旬，

位於馬家溝160號的小學，引發周邊六個樓盤業主的爭奪；遠處高樓林立的地區即是攀成鋼片區。（攝：周強／端傳媒）

顧強在2014年購置了澳龍名城的房產，他說那時「學區房」的概念在成都才剛剛興起。（攝：周強／端傳媒）

業主代表和開發商、教育局進行協調。開發商承認小學由四個小區出資籌建，但已無償移交給教育局，一切由教育局說了算。教育局則堅持，按照「就近入學」原則，錦東庭園的孩子應該就讀沙河堡小學。「有配菜給你們吃，你們卻要吃點菜，」教育局代表說。

萬醒揚一肚子火──我們可是出了「點菜」的錢。

而就在四個小區和教育局進行交涉時，一條新消息讓原本混亂的局面，更亂成一鍋粥──這所大家爭搶中的小學，並非名校。

「成都人的中國夢」

最早獲悉這所新小學即將啟用的，是和這些「參戰」小區隔著一條沙河的攀成鋼片區。

這片佔地3000畝的區域位於成都市東，曾是國有大型鋼廠攀鋼集團成都無縫鋼管廠的大本營，直到21世紀初，攀成鋼片區都還直觀地展示著國有企業雄厚的實力、繁榮的景象。攀鋼集團外遷後，成都市政府在這一帶規劃投資逾千億，橫跨金融、商貿、住宅和文娛功能，要打造「成都第一高端版塊」。

和中國很多城市規劃的新區一樣，攀成鋼片區擁有筆直寬闊的馬路和空曠的商區。來自香港、新加坡的地產商在此修建了大片高

檔住宅，每個小區都有高雅華麗的大門和戴著白手套的門衛。更具吸引力的是，這些小區的對口小學都屬於「五朵金花」——一個是成師附小慧源校區，一個是鹽道街小學通桂校區。

「攀成鋼可能代表成都人的中國夢吧，」35歲的顧強是攀成鋼片區樓盤澳龍名城的業主。他在市區另有一套住房，來攀成鋼買房只是為了女兒讀書。

早在幾年前，顧強在北京、上海工作的大學同學就在群裡討論學區房的事，他受到啟發，2014年就以每平方米不到一萬元的價格買了這成都的「學區房」。如今不過兩年多，他持有的澳龍名城房產，二手房的價格也已經翻倍。

顧強來自福建，父母都是大學老師。他1999年到成都讀大學，碩士畢業後進入一家外企工作至今。他並不相信教育能改變命運。去年9月，顧強的女兒成功入讀成師附小慧源校區，校長在開學典禮上說：「我們已經不提倡知識改變命運這個說法了，因為你們的家庭條件最起碼也是中產階級。」

這些中產階級沒有料到，他們的孩子已經躋身進「五朵金花」，面前還會有變數。

隨著大量學區房交付，入住率激增，成師附小慧源校區終於不堪負荷，只好開始新蓋教學樓——在原本的操場上。

這下子，家長們不幹了。他們購買學區房，可不是為了讓孩子在入學期間，忍受建築污染的。他們迅速組織起聲勢浩大的請願，要求停止擴建，並啟用另一所「金花」學校——鹽道街小學通桂校區。這座校區在攀成鋼「學區房」紅火起來之前，因生源不足，租給了一所國際學校，租期十年。

顧強也參與了這次請願。令他「喜出望外」的是，政府竟然同意了家長的請求，決定盡快收回這所租出去的「金花」學校。那天晚上業主們喝酒慶祝，顧強難得一次喝醉了，他記得有個業主說，「這個社會還是有很多正能量和公平正義。」

但政府承諾的「盡快收回」並未能實現，攀成鋼片區的業主們被告知，在接下來的一個學年裡，他們的孩子只能在外借讀。

政府安排了一所剛剛落成的小學給他們。這所小學，位於馬家溝160號。

中產階級歧視鏈

馬家溝160號，這個令金潤華府、沙河壹號魂牽夢縈，令錦東庭園、致瑞雅苑不甘心失去的「名校」，在顧強眼中，卻不值一提。

「我們這邊有人說它是『村小』，它周圍全是拆遷房和釘子

戶，感覺和農村小學一樣，」顧強說。

是名校，還是村小，都在資源分配者一念之間。

4月17日，錦江區教育局在和開發商、出資修建了學校的四個公務員小區的一次座談中告知：這所小學，不是傳聞中的成師附小望江校區，而只是「馬家溝小學」，它的師資力量，將從家長們此前爭相逃離的沙河堡小學和菱窠路小學抽調。

消息一出，原本堅固的「公務員聯盟」瞬間分崩離析。

「你們不要再鬧了，再鬧就真的變成馬家溝小學了！」在四個小區共同的業主群裡，已經得到了小學的望江水岸和望江錦園開始勸說「鬧事」的萬醒揚他們。這兩個樓盤的業主組織了自己的請願，請教育局「不能因為附近小區無理取鬧就輕率改變決定」，他們認為「馬家溝小學」名字太土、不符合時代面貌。

「我覺得教育局這一招太厲害了，」萬醒揚說。

即便「名校」身份撲朔迷離，另一邊廂，家長們的爭搶仍未結束。

金潤華府和沙河壹號之間的「新仇舊恨」一起爆發了。沙河壹號發現：「金潤華府成功之後，他們之前的帖子瞬間從網上全部消失了。」關於金潤華府賄賂了教育局的的傳聞不脛而走。而沙河壹號業主群裡的一句氣話——「我們讀不成也不能讓金潤華府讀」，

被截圖放到了網上，惹怒了不少金潤華府的媽媽。兩邊互相埋怨的言論不斷被截圖、上載，越滾越烈。

爭鬥在4月19日達到頂點。在網路論壇「家長幫」中，出現一篇名為〈成都小區裡的階級鬥爭〉的帖子，以金潤華府業主的身份指出，望江錦園、望江水岸、金潤華府的孩子原本能讀成師附小望江校區，卻因為「其他小區」鬧事，降級為馬家溝小學。帖子作者炫耀其經濟能力能為孩子提供高質量的教育，並稱三個小區是「社會菁英的黃金組合」，應該共同抵制「年收入50萬以下，無金錢也無權力」的錦東庭園和致瑞雅苑的業主的孩子。

帖子瞬間熱傳。金潤華府的業主們氣瘋了，他們認定這篇文章是沙河壹號寫的，「為了抹黑和離間我們」，「我們已經劃入學區，何必引起關注？」

金潤華府的媽媽群進行了「大清洗」。群主把所有不認識的媽媽都踢出去，再經過小區裡其他媽媽的引薦重新加進來。原本300多人的群只剩下100多人。

沙河壹號則認為，帖子就是金潤華府的人寫的。「他們現在優越感真的爆棚，」曲穎說。金潤華府被劃入學區後，房價已漲到兩萬多一平方米，沙河壹號則為一萬四千多。曲穎在金潤華府有幾個關係不錯的同事，常常在朋友圈裡轉發詆毀沙河壹號的文章。

致瑞雅苑小區門口，收廢舊品的師傅聚在一起閒聊。（攝：周強／端傳媒）

致瑞雅苑小區門口，一位三輪車司機在等待生意。在那篇具有爭議的帖子裡，致瑞雅苑被描述為低端樓盤。（攝：周強／端傳媒）

爭鬥遠沒有結束。在階級歧視鏈的漩渦裡，沙河壹號、錦東庭園和致瑞雅苑的業主們還在為孩子爭取就讀「村小」的權利。

「不解決問題，而解決提出問題的人」

　　「我現在做夢都在維權，」沙河壹號的業主們在錦江區教育局門口展開了持續半個月的靜坐請願，都沒有成功。曲穎每天都在夢裡和教育局理論，「就像是做了很難過的夢哭了一樣，醒來後覺得特別累，頭昏昏沉沉的。」有次她為了看群裡更新的消息，一連三次坐錯了公交（台灣稱「公車」）。

　　曲穎自己的成長過程，曾嘗遍了教育資源分配不均的苦果。

　　1985年，她生於貴州一所小村莊，「我們那邊好多娃娃小學讀完就輟學了。」小學畢業後，曲穎沒能考上初中，就到一家私人開辦的學校讀書。學校只教主課，曲穎沒有學過一天歷史、地理、美術和音樂。多年後她在城裡補習，問同學如何通過經度和維度在地圖上確定一個點，「他們看我的眼光就像遇到外星人。」

　　曲穎考上了鎮裡唯一一所高中。在那裡，老師講得很認真，她也努力去聽，但就是聽不懂。第一次高考失利後，曲穎到城裡一所補習學校復讀，她發現城裡老師講課就是清晰易懂，「感覺就像武

俠片裡七經八脈都打通了似的。」也是在那一刻，曲穎意識到教學資源的重要性。

後來曲穎考取本地一所大學，畢業後到成都工作。和同樣來自農村的丈夫還清了各自的大學貸款後，2012年，夫妻倆以70萬的價格在沙河壹號購置了一套三室一廳，總面積82平方米。曲穎目前在一家設計單位做招投標的工作，夫妻倆加起來每月收入一萬二人民幣，有一個三歲多的女兒。

「小時候很困惑為什麼再努力也追趕不上好學校的孩子，現在再回頭看，又是另一種滋味。」

另一邊，在錦東庭園的業主群裡，群主再三警告大家「莫談國事」。林科院則開會要求職工不得參與請願，萬醒揚的妻子也被領導約談了。

「機關、事業單位的人都膽小怕事，」萬醒揚說。他很快意識到自己的「天真」。去教育局時，他們幾個小區代表都按照信訪條例進行了實名登記，「我當時覺得這是合法行為，沒什麼可擔心的，」直到教育局的人拿著代表名單到農科院質問哪些人是農科院的，他才恍然大悟。「這是赤裸裸對信訪法的踐踏！」

曲穎發現，沙河壹號請願群裡的積極分子，開始陸續默默退群。她私下追問，對方緊張兮兮地說，自己被警察約談了。警察將

厚厚一沓群裡的聊天記錄拍在這個業主面前，冷冷地說：你們這些對話足以構成煽動罪了，今後無論你花多少錢、走什麼渠道讓你家小孩讀好學校，我們都可以讓他讀不成。

錦東庭園和致瑞雅苑的部分業主則遭遇了警察深夜家訪。業主們說，教育局的工作人員帶著警察和協警深夜「拜訪」了一名懷孕的女業主，又嚇哭了另一位業主家裡的小女孩。憤怒的業主們總結道：「他不是解決問題，他是解決提出問題的人。」

「這種思維其實相當可怕，以後誰還敢去提問題，」萬醒揚說。他開始在維權的群裡頻繁地改名和更換頭像，群裡的其他業主在發送有些敏感的資料或通知時，也都會選擇發出幾十秒再撤回的模式，「這個體制不能給大家一個相對的安全感吧。」

到4月底，各小區彼此廝殺激烈，而請願，則統一被撲滅了。在維權群裡，一位絕望的爸爸提出要去跳樓，被萬醒揚和其他人勸住了。

曲穎給自己算了一筆賬，若讓女兒離開這裡，去比較好的小學借讀，她需要花30萬，初中和高中的花銷更是不敢想。「中國這個教育體系真的是吃人不吐骨頭。」

「教育資源全部集中在幾所好學校。而教育部門還在推動這種集中，這才導致了學區房的火熱。結果就是，花錢才能享受優質教

育！另一方面，話語權全部掌握在教育部門手中，翻雲覆雨，完全缺乏監督和透明度。」萬醒揚覺得金潤華府也並沒有勝利：「在規則不變的情況下，最終每個人都是受害者。」

　　兒時的萬醒揚曾痛恨不斷給自己施壓的父母，但帶他逃離江西那個小山村的，卻是被父母逼出來的碩士文憑。今天，他想要給兒子更好的教育，想要兒子躍升到比自己更高的階層，卻不知道該怎麼做。

　　最後一次維權結束，回到家裡已是深夜，萬醒揚走近床邊，輕撫睡夢中的兒子的頭髮。「學校這個事情，爸爸已經盡力了。」他說，一陣心酸穿透了他的身體。

* 應受訪者要求，文中出現的名字皆為化名。

我參加了中國客人的馬來西亞買房團

┃ 張妍

清新空氣、中高檔居所、押注國家政策和「馬來西亞深圳」的投資機會⋯⋯東南亞海濱，飄蕩著填海造城和陸客買夢的迷霧。

「森林城市」在馬來西亞新山的售樓處。（攝：張妍／端傳媒）

我與18個陌生人在凌晨五點半的天津機場匯合。「躲過去一場霾哎！」——那天是2016年末，中國北方空氣污染橙色預警響起的第一日，這句話成為人們熟悉彼此的第一聲招呼。

　　飛機從天津直接飛往新加坡，400多個座位座無虛席，喧鬧異常。這是中國廣東地產開發商碧桂園的包機，由一家東南亞廉價航空公司執飛。碧桂園正斥資千億，在馬來西亞建造一個名為「森林城市」的巨型地產項目，佔地20平方公里（相當於1/4個香港島的面積），主要面向中國購房者。因此，與普通的旅行團不同，我們此行不是為了娛樂，而是為了看房。

　　這400多個遊客被拆分成20多個小隊。他們來自北京、天津、石家莊、唐山、邯鄲、張家口等北方城市，或通過當地的售樓處報名，繳納約4500元的團費；或已經是碧桂園在當地的業主，有的甚至擁有幾幢別墅，看房團免費，算是地產商提供的服務；也有人已在售樓處認購了「森林城市」的樓盤，但簽約必須在馬來西亞完成，因此不得不「辛苦一趟」。

　　我是在天津一個住宅小區的電梯上看到「森林城市」的廣告的，醒目的大字寫著：「新加坡旁，永久產權」。很長一段時間，在中國各大城市的地鐵、商業中心、居住小區，乃至中央電視台的春晚、奧運賽事，都可以看到「森林城市」的身影。不過，這個位

於馬來西亞柔佛州新山的樓盤，在宣傳時幾乎沒有提過「馬來西亞」幾個字，而一直強調它在「新加坡旁」。

儘管多年前中國富豪們就已經開始在海外投資置業，但「森林城市」激起了普通人的熱情。這也引發了我的興趣。我決定以記者身份，自費加入這趟異國之旅，去了解對北國的人來說，在遙遠的熱帶買房的衝動究竟源自何方。

相對奢侈、卻又踮踮腳就能碰到的海外置業機遇

導遊姓周，九零後，他供職的旅行社是碧桂園的合作方，負責帶領購房團在新馬兩地遊玩。周導遊過去幾年一直帶團去日本，講起中國人在東京「爆買」馬桶蓋、電飯鍋和感冒藥的瘋狂景象，他說，「就像是在眼前上演的3D喜劇電影」。

從今年開始，他頻繁地飛新加坡，帶購房團。他說這趟線路「也很不錯」，因為買了房子的消息需要被親朋好友知道，「滿足虛榮心」。所以，客人們也會購買很多南洋特產，讓消息隨著榴槤酥、芒果乾和馬來白咖啡傳遞到家鄉，周導遊便在特產專賣店拿到自己的銷售分紅。

還有一位碧桂園的銷售助理全程陪著我們，她姓劉，在碧桂

園工作了三年，「工作任務就是賣房」。這是她第一次出國，更是「帶著銷售任務上路」。出發前她還沒搞清楚如何讓手機漫遊上網，而面對19個年紀都大她不少的潛在購房者，也讓她壓力倍增。

團員由兩個年齡層的人構成。一部分人是五零後，接近退休年齡，「錢賺夠了」，想要「舒舒服服的養老環境」；另一部分人是七零、八零後，有些已經生育了兩至三個子女，說自己是「家庭的中堅力量」，想找機會讓子女得到更好的教育，甚至全家移民。

他們中沒有打工一族。許多人在石家莊、唐山等城市經營中小型企業，也有人是販售空氣淨化器、消防器材、醫療儀器等產品的中間商。有的人已經住進了碧桂園在石家莊建造的別墅區，有的人在海南省購置了度假公寓，有人剛給兒子娶妻購置了200多平方米的「六躍七」（註：佔六樓和七樓的複式商品房）。石家莊的平均房價徘徊在1.4萬元人民幣／每平方米，若以此粗略估算，他們在人均GDP 6700多美元的石家莊可以稱作有錢人，在中國範圍內，則還算不上巨富。

聊天時可以感到，他們賺錢很辛苦，保有財富的途徑也很有限。幾位中年男士在整個旅途中不停地接打電話，商談業務，滿面苦楚；另一位年逾六十的先生在用餐時向我抱怨「股票賠、人民幣跌」，自己的「退休本錢不知何處安放」。

他們的共同點是，這是第一次嘗試在海外置業。以他們的財力，

馬來西亞新山的中資樓盤

🪖 開發商　🏞 佔地　🏠 單位數量　── 國界線

馬來西亞

金海灣
碧桂園 🪖
346畝 🏞
約1萬個 🏠

翡翠灣
🪖 上海綠地
🏞 105畝
🏠 約2200個

森林城市
碧桂園 🪖
3000畝 🏞
預計30萬套 🏠

公主灣
🪖 廣州富力
🏞 700畝
🏠 約2萬個

新加坡

*碧桂園計劃以4個人工島構成森林城市，目前尚有3個未見存在

新山毗鄰馬六甲海峽，擁有資質上乘的深水港，是「海上絲綢之路」的必經之路。近年來，不斷有中國資本湧入。（圖：端傳媒設計部）

高攀不上昂貴的發達國家投資移民或地產業務，而在「森林城市」購房，是一種相對奢侈、卻又踮踮腳就可以觸碰到的海外置業機遇：「森林城市」的售價，每平方米1.9萬至2.7萬人民幣不等，購房者還有機會獲得馬來西亞的長期簽證。這是馬來西亞政府在2002年出台的「第二家園」計劃，在馬國存款30萬令吉（約合47萬人民幣），並在一年之後至少保證15萬令吉的存款，就可以獲得長達十年的簽證。

彷彿買「森林城市」，就可以買到「做新加坡人」的感覺

購房的飛機沒有降落在「森林城市」，而是落在新加坡。

「森林城市」是人工填海島嶼，由碧桂園和馬來西亞柔佛州的

人民基建集團合作興建。它位於新山，是馬來西亞第二大城市，也是距離新加坡最近的地方。待竣工時，「森林城市」與新加坡的直線距離將不足2公里，這也是碧桂園在廣告中刻意強調的。

於是，購房團的行程也據此設計。四天三夜的一開始，先在新加坡玩上近兩天。團友們被安排在魚尾獅和金沙酒店前合影，遊覽熱帶植物園，免費品嚐榴槤雪糕和胡椒蟹，在夜幕降臨之後，乘遊船悠哉地駛過克拉碼頭，聽著兩岸酒吧裡的歌聲，感受濕潤的熱帶海風。

一位祖籍東北的新加坡華人導遊加入這段行程。十五年前，她因為留學而留在新加坡工作，並結識現在的丈夫，現已加入新加坡國籍。她很喜歡用未改的鄉音向大家介紹新加坡的種種好處，「空氣濕潤、養人」，「社會安定，夜不閉戶」，「人與人之間特別友好」，「吃的、喝的都很安全」。她說雖然想念家鄉，但每次探親時被凜冽而夾雜了灰塵的寒風吹得頭痛，就再也不後悔移民的決定。

後來我才明白，新加坡的旅途是一段鋪墊，讓團友們覺得，彷彿購買「森林城市」，就可以買到「做新加坡人」的感覺。在即將前往馬來西亞時，我們登上了新加坡著名的景點摩天輪，當攀至相當於42層樓的最高點時，蔚藍的大海和鬱鬱蔥蔥的城市在腳下展開。這時，導遊小姐指著遠處模模糊糊的一片對大家喊：「快看！那就是森林城市！」

「就像我十幾年前移民新加坡一樣，當時是新加坡的窗口期，但是現在窗口慢慢關閉了，」她誠摯地說，「新的機遇就是新山，就是森林城市，你們一定要抓住，不要等到十幾年後再後悔。」

中國官方和馬來西亞當地統治者雙重「加持」

購房團終於到達了目的地。這一天，「森林城市」在馬來西亞新山的售樓處裡擠進了約1300位看房者，絕大多數都是中國人。有300位持普通話或粵語的銷售經理等候著客人。

我隨著人流來到了巨大的沙盤面前。「車輛在地下穿行，地面都是公園，建築外牆長滿植物，沒有霧霾，沒有污染，坐擁海景的豪華公寓，永久產權，既享受新加坡的現代繁華，又擁有馬來西亞的經濟實惠……」一位銷售經理用擴音器聲嘶力竭地重複，觀看的人嘖嘖稱奇。

還沒來得及作出反應，我又被推到了巨型展板前。「一帶一路」、「戰略要塞」、「經濟特區」、「交通樞紐」、「未來城市榜樣」……等字眼一時間搶佔眼球。緊接著，工作人員把看房者塞進了一間小型放映廳，集體觀看有關「森林城市」的廣告短片。

售樓處把營銷重點放在國家戰略上——這是我觀察到的最讓購

房者信服的理由。在外界看來，「森林城市」是有中國官方和馬來西亞當地統治者雙重「加持」的地產項目。森林城市開盤剪綵時，就有馬來西亞首相、柔佛州蘇丹和中國駐馬來西亞大使的共同出席。旅行巴士經過柔佛州皇宮時，我們還看到皇宮門外矗立著一頂巨大的皇冠，是碧桂園的老闆楊國強送給柔佛州蘇丹的禮物。2016年末《環球時報》的一篇文章，甚至將「森林城市」稱作「中企走向東盟的橋頭堡」。

2013年，中國國家主席習近平提出了「新絲綢之路經濟帶」和「21世紀海上絲綢之路」的構想，被簡稱為「一帶一路」。馬來西亞處在東南亞的中心位置，新山毗鄰馬六甲海峽，擁有資質上乘的深水港丹絨樂巴斯港口，是「海上絲綢之路」的必經之路。近年來，不斷有中國資本湧入新山，投資高速公路等基礎設施建設，興建大型商業住宅區。據馬來西亞投資發展局的數據，2015年中國對馬來西亞非金融類直接投資約4.08億美元，同比增加237%，同時是對馬來西亞投資增速最快的投資國之一。在2016年11月馬來西亞首相納吉訪華期間，碧桂園披露其已在森林城市計劃落實37億令吉（約57.7億人民幣）投資額，還將投資4億令吉（約6.2億人民幣）設立工業化建築系統製造廠。華為、中興、中鐵、中國工商銀行等中國企業也宣布將在馬來西亞投資。

僅僅一個上午，購房現場就成交了460套。每簽約一套，會有工作人員敲響繫著紅色布條的銅鑼。不斷響起的鑼聲持續地刺激著人們的耳膜。與在中國購房的體驗不同，這裡似乎沒有人再關心「容積率、採光、梯戶比、裝修標準」這些細節了。國家的戰略實力似乎給了人們天然的信任基礎，一位中年女性購房者告訴我，這是她這幾年來「最開心的事」。

　　幾位印度裔的服務人員站在大門口，沉默地看著這場由中國人主導的喧鬧奇景。一位馬來歌手在售樓處中央彈著吉他，唱著美國民歌《Country Road》，歌藝不俗，可惜無人駐足。

「這地方道路寬敞、物價便宜，就好像過去的深圳」

　　姓吳的銷售經理寸步不離地跟著我，甚至在我如廁時也耐心在外等待。我很堅決地說不想買，吳經理卻表示，他過去在北京是做豪宅銷售的，見慣了難啃的客戶，因此不介意再陪我多逛一會。

　　他是山東人，學的是與房地產毫不相關的體育運動專業，被碧桂園派駐到新山，每月約1萬人民幣底薪，此外還有業績提成，這比碧桂園的內地銷售工資高出很多。他會在這裡待上半年，然後回到內地，緊接著，有下一批員工來到新山接他班，如此輪迴，直到樓盤售罄。

吳經理想向我展示一下「森林城市」的全貌，因此我有機會走出售樓處，走在沙灘上感受戶外的風情。沙盤展示的大多數藍圖還尚未成形，填海項目依然在進行當中，目前投入使用的只有未來作為交通樞紐的售樓處、一座酒店和一條幾十米長的商業街。四處都在施工，施工單位也是一家來自中國深圳的房屋建築施工單位。

　　附近海域是新山的集裝箱港口和新加坡的工業園區，海水不太潔淨，並無風景可言。我聽說這一地帶每年還有三個月要忍受從印度尼西亞飄來的煙霾，也和中國北方的霧霾情況差不多。聊到這，吳經理終於棄我而去。

　　我在的小團裡，有三家人買了房。其中一對中年夫婦購買了一套使用面積56平方米的兩室一廳，這套公寓有海景，售價96萬元人民幣。他們用銀聯卡刷了1萬令吉（約1.56萬元人民幣）的訂金，並會在回國之後補齊其他款項和手續。銷售經理說服他們的理由還包括，「如果您不想要了，這筆認購金是可以退回的，不如先佔住名額比較好。」

　　當天晚上，我在酒店門外的小吃攤邊遇到了另一位同團男士，他約了團友「鬥地主」，卻不知哪有撲克牌賣。我們閒聊了幾句，他是八零後，在唐山有兩個小孩，不管從投資還是移民的角度，他覺得自己都有必要買房。

我們在酒店外散步，看到了新山市區混亂的街景和嘈雜的環境，他卻說「這地方道路寬敞、物價便宜，就好像過去的深圳」。「深圳過去多便宜啊，現在貴得不敢想像。」這位男士對我強調了他精明的押注，「新山依託新加坡，早晚有一天會經濟起飛，超越新加坡！」但他似乎並沒有意識到，新加坡和新山，位於兩個完全不同的國家。深究下去，馬來西亞是一個什麼樣的國家，新山是什麼樣的城市，新加坡又是如何，本地文化、環境是什麼樣，他也並不在乎。

　　當我們啟程回家時，中國北方長達數日的霧霾並沒有絲毫散去的跡象，因此我們的航班延誤了十個小時，並在七個小時的飛行後再次在天津上空盤旋，最終因燃油耗盡而在一片迷霧中降落。劉助理在機上哭了，不是因為天氣，而是她沒有完成銷售指標。機上另一個團有位客戶一舉簽下了八套房子，她的同事得意洋洋，這讓劉助理非常沮喪。

　　沒有人安慰她。這場旅行在團友從新山的售樓處離開時，已經完結了。但我的團友們還要再花費三、四個小時從天津坐火車回到他們各自位於石家莊、唐山、邯鄲、張家口等城市的老家。不知道這歸程的曲折，有沒有提示他們在未來該怎順利樣前往那個位於新加坡旁、名叫「森林城市」的家。

假體
——整容造夢在中國

▎周華蕾

位居中國人最受歡迎整形手術前三名的，一是割雙眼皮，二是墊鼻樑，第三便是方夏想要的下頜整形手術。

引子

　　女碩士方夏說，這是她第一次對別人承認自己整容。她削了下頜角，墊了下巴。手術很成功，甚至朝夕相處的男朋友也沒有看出她外表的異常。但她開始抑鬱，吃不下飯，用額頭撞過牆。

　　七十多天以來，這個秘密捂在她心裡，發了霉。

　　「不管我自殺也好，不自殺也好，但我現在特別想讓所有人知道，整容這件事跟你的想像完完全全不一樣。」方夏對我說。

　　坐在她的學校門口一家咖啡館，這是個有一張精巧的娃娃臉漂亮女孩子，沒有任何遮掩、紅腫或異樣。只是臉色晦暗，黑眼圈，眼睛滿布血絲，說話軟弱無力，彷彿就要溺死。方夏說她從前愛笑又敞亮，活得像快樂的Cinderella。但她現在找不到快樂。

　　她側過臉，指向臉龐的邊緣角落：我沒有下頜角了，我的下巴是假的。

　　2015年3月7日，一位自揚州赴天津走穴的醫生從她的下頜取走了兩根魚刺那樣細的骨頭，在下巴裡墊進一塊叫做medpor的高密度多孔聚乙烯生物材料。這種假體既不會像矽膠那樣透光，也不會像奧美定那樣在人體內分解，據稱它安全無副作用，但在此刻的方夏，這是一顆炸彈。

「沒有醜女人，只有懶女人」

就中國大陸當今社會流行的評價硬指標，方夏無疑是被上天選中easy模式的那類人：學霸，白富美，乖乖女，名牌大學碩士在讀，有一個相戀多年的男朋友，準備結婚。她一直是所有人口中那個「別人家的孩子」。

但偶爾會有某一類時刻，公主般的快樂瞬間戛然而止——比如去年在香山遊玩，她擺好pose後一陣風來，正要給她拍照的男友說：手抬起來，把臉擋著點兒。

其實方夏並不覺得自己臉大，只是自幼總有人提醒她，你的下頷多出兩塊肉。

她說自己是一個矛盾的人，一方面樂觀開朗，另一方面又容易想不開。

一路「最優秀」過來，她在意別人的眼光和評價，這是她驕傲和自尊的源頭。她照鏡子，盯著自己的臉，越看越像一個不規則的菱形。年深日久，這菱形就成為她沉甸甸的一樁心事。所以很多年後，當她在大陸流行的社交媒體豆瓣網上，看到一個熱帖完整呈現了一個原本有著「國字臉」姑娘，通過整形手術變成「豬頭」再緩慢消腫最終蛻變為一枚華麗麗的瓜子臉莞爾一笑的全過程，驚訝之

餘，她記住了這個從醫學界闖入腦海的新名詞：削骨。

「你再好，也總有人比你好，」她想變得更美。方夏埋頭考研讀書的近十年間，也是醫療科技日新月異、中國經濟扶搖直上的黃金時代。一時間，螢幕、廣告和雜誌都被身體和臉孔符號佔據，廣而告之著亞洲人最標準的美——白皮膚，雙眼皮，高鼻樑，鵝蛋或瓜子臉，深V，大長腿——邀請著每一個路人自我鑑定。

「沒有醜女人，只有懶女人」的美容界口號濫觴以來，現代科技已經顛覆了牢不可破的生理規律，為人類的回爐再造提供了切實可行的保障：眼睛可以割雙眼皮開眼角增大，臉部形廓可以裁切變小，大腿脂肪可以抽出再注射隆胸，雙腿可以打斷讓膝蓋骨再次生長，勇攀理想的身高……

根據國際美容整形外科協會的統計，如今中國的整形手術數量僅次於美國、巴西，位居世界第三。但業界普遍認為這個市場潛力還太大——就萬人整形率而言，中國根本排不上號。

中國整形美容協會秘書長趙振民曾表示，位居中國人最受歡迎整形手術前三名的，一是割雙眼皮，二是墊鼻樑，第三便是方夏想要的下頜整形手術。

「顴骨顴弓及下頜角肥大是亞裔女性常見的美容問題，由於其臉型脫離黃金分割比1:0.618，不符合東方民族目前以『瓜子臉』、

『鵝蛋臉』為美的主流審美觀。」一篇學術論文裡，日後將為方夏主刀的G醫生寫道。

做一件瘋狂的事，堵住心裡那個口子

出於一個學霸的本能，方夏開始搜索關於下頜角削骨乃至整容的一切。

沒有官方數字統計中國每年進行多少台整形手術。但來自一個叫天安公益基金會的NGO的數字表明，醫療美容在中國興起的十年間，已有20萬張臉在整容過程中，被毀容。

一位整形科醫生對我說，由於人均醫生覆蓋率太低，中國大陸的整形美容行業實際上還處於「錢多、人傻、速來」的原始積累和產業無序膨脹階段。

「在美國，基本是最頂級的醫生才去從事整形，在中國，很多醫生嘩嘩進入快捷車道，只要有進修證書就能整容了。」「甚至有生活美容院的按摩師學兩天就跑去給人打針了，越是無知者越無畏。」

最致命的是，整容行業缺乏監管，沒有權威的考核和對手術技術和術後效果的評價與監督機制。民營醫院、走穴的大夫、私人工作室乃至黑作坊面對無限商機，基本在沒有監管的狀態下以叢林法

則發展。

　　方夏也曾八卦搜索過關於削骨手術的負面信息。她認識一個男孩術後體質變得很差，開始努力吃阿膠回血，他猜測是手術時失血過多，但他拿不出證據——手術那會兒他正被全身麻醉著，一無所知；

　　她從八卦新聞裡，扒出2010年超女王貝因實施「3D鑽石魔臉術」——事實上也是削骨——死在手術台上的事，並沒有放在心上：可能是她找的醫生不好。

　　整個「研究」過程中，方夏始終自認是一個有智力有判斷的知識女性，會遠離這樣的黑洞。

　　她很快把目標鎖定在看上去口碑不錯的G身上。G醫生一度也被訴狀纏身，一名叫鄭春燕的求美者在術後張口受限，抑鬱、離異、幾度試圖自殺，後被鑑定為九級傷殘。G的助理在「小分隊」裡「闢謠」，說這是假新聞，是G醫生對手所為，樹大招風啊。方夏相信了——她看到鄭春燕術後靜態的照片裡的下頜角，和她的想像一樣完美。

　　她加入了一個叫「小分隊」的QQ聊天群，這是G醫生的「病人」們互動最活躍的平台。

　　許多「病人」眼中，G是一個「神」。他的名字常常出現在廣告和新聞報導裡：他曾經為一個企業家複製了一張柯林頓的臉，

「他把德國嚴謹的整形技術與中國的審美傳統有機地融為一體，甚至讓你找不到絲毫製造的痕跡」。他的微博裡總是曬著患者整形前差強人意和整形後若鵝蛋若瓜子的纖小臉龐，有時是他與患者的聊天記錄，像是誰在整形後找到了心儀的工作，誰找到了美滿的婚姻，再輔以一張客人粉黛簇擁下的婚紗照。

一段關於妙手神醫、美貌和命運的敘事，被如是建立。

「小分隊」和好大夫論壇裡，求美者們對G醫生的熱烈追捧感染了方夏：

「顴骨下頜下巴一共要接近5萬塊錢了。」

「有同行去揚州手術的姐妹留言，我好有個伴！」

「明天就要去揚州了，好興奮啊！」

方夏在論壇裡觀望，心癢癢了快一年。但真正讓她從理論走向實踐的是：一天，她和男友──也就是她的未婚夫──準備分手。

北京中西醫結合醫院皮膚激光整形美容中心科主任胡守舵表示，前來諮詢整容的女性往往分兩類：第一類是陽光型的，年輕小姑娘，想擁有更美的自己；第二類滿臉的困惑、滿臉的迷茫，是婚姻或感情即將或者已經出問題的。

「離婚的，我一般先勸，你們回去好好想一想，」胡守舵說，「醫生需要挖掘病人心底最重要的東西，問問她的初心是什麼？」

其實方夏在收拾行李，顫抖著奔赴手術台的路上，她也不知道自己到底想要什麼。

儘管後來方夏靜下心來想過，「整容的風潮太大，我也被裹挾進去了」，但那刻，她只想做一件瘋狂的事，來堵住心裡那道口子。

掏錢，刷卡

天津464醫院。三甲醫院。

從門可羅雀到2007年後的大紅大紫，中國醫院的整形治療正在經歷一段從「燒傷科──燒傷整形科──整形科──整形美容科──美容整形科」的歷程，這也是它從國家提供的公眾服務緩慢向商業轉軌的過程。一些醫院已經開始將整形科剝離出去民營經營，但實體往往還放在醫院裡。

這裡更像是一個「美」的市場。醫生是一個產品提供者，根據求美者的不同需求，對於身體或面部的各部位進行改造或重塑。購買「美」的顧客，往往不是「病人」，而是一個正常人。

在從前的中國，「整容」是一個神秘的領域，它只是若有似無地出現在明星和有錢人的光環之下，展示著「美」的示範效應。消費文化的時代，身體的重要性被抬舉到空前的高度。隨著物質世界

的日益豐盛、鄰居韓國俊男美女生產線的壯大，整容在尋常大眾中普羅開來，越來越成為求美人士日常消費的一種。

　　大眾傳媒上對整容後擁有完美臉龐的明星的熱捧，整容醫院鋪天蓋地的造夢廣告和越來越降低的整容手術費用，讓普通人覺得，擁有一張明星臉並不再遙不可及，反而，也許可以成為改變生活甚至自我內心滿足的途徑，而如果一個女人不美，在越來越多原本缺乏自我認知的女孩子心目中，是無論如何也說不過去的事情。

　　按照G醫生微博上置頂的信息，我添加了他助理的微信，表示想做顴骨內推手術的諮詢。天津464醫院的官方網站對這項手術有過一段介紹：「身材修長苗條的趙小姐為剛剛結束的戀情痛苦不已，原因僅僅是因為她的顴骨高，偏偏對方的家長相信『面相』裡的『顴骨高，殺夫不見刀』的說法。因此錯過了一段美好的姻緣。」

　　在實施中，這項手術口內切口入路，將軟組織剝離顴骨，用小型電鋸將顴弓處截斷或半截斷，把顴骨內推到正常位置並固定，或不固定待其自行癒合。由於顴骨和下頜骨是面部「承重牆」，彷彿一張黏膠撕下再貼上，術後常見面部下垂的現象，許多保守的醫生認為這項手術風險過大，不建議求美者採用。

　　面對諮詢者，G醫生助理回覆迅捷：「你想什麼時候手術？」

　　9月21日下午，天津464醫院6樓。這裡通體為以雪白色為基調的

裝修風格，流線型未來感的前台，休息處沙發正對的40吋電視上播放著台灣綜藝節目《康熙來了》，該期主題泄露著「美」之場域的核心機密——《醜小鴨變美的血淚進化史》。

「就做顴骨內推嗎？」衣服潔白的紀姓護士輕聲細語著建議加碼，「要不要做下頜角？」之後她對我表示，不同項目價格不一，做全套（即顴骨內推＋下頜角切除＋墊下巴）有折扣。

一位北京三甲醫院的整形科醫生告訴我，商業運作很可能導致院方「不是按醫學原理來給你推薦，而是有一整套『話術』，上來就哪兒都是毛病，把你說得一無是處，包括剠夫。」

在民營的整形醫院裡，護士，助理，有時又叫諮詢師，她們扮演的角色類似於商場「導購」。通常學歷為高中，不一定具備醫學常識。醫院對於她們的評價，建立在銷售額的競爭之上——每個月所有諮詢師大排隊，按照總銷售額除以客源數算出平均客單價，以此為標準進行大排隊，並實行末位淘汰制。

自然地，出於自我生存的需求，每個整形科醫護人員的主要工作是，讓客戶意識到自己外貌的不足甚至缺陷，再為其指引一條走向美好新世界的通途。她們把整容描述為一個英雄與勇氣的故事，而客戶僅僅需要——掏出銀行卡，鼓起勇氣，走進手術室。

你能把G送進監獄嗎？

在這間三甲醫院裡，為滿足眾多粉絲的「瓜子臉」需求，來自揚州的特聘專家G會時不時坐陣主刀。他看起來屬於熱門醫生，每天要做兩台手術，總是一群姑娘在候診室排隊等他。方夏的面診時間也是硬給見縫插針的，全程不到5分鐘。

方夏不喜歡在中國大陸90後年輕姑娘裡流行的錐子臉、美瞳、純潔的45度角仰望天空這類造型範本。她一個勁兒地強調，要自然。

G醫生指著她的顱面CT說，你這是典型的適應症。去除下頜角，再墊個下巴。方夏：我挺喜歡我的下巴。G：你下巴本來就回縮，做完手術肉會堆到下巴這裡，放心吧，只尖一點點，跟你現在的下巴一模一樣。方夏：好，一模一樣。

最後，G問：你結婚了嗎。方夏說：沒有。

她聽見G醫生回了一句：那就好。

墊下巴多加了一萬，手術費用零零總總共計五萬元人民幣。刷卡。體檢。驗血。上手術台。全身麻醉。花了快一年時間糾結，整個手術在24小時內就結束了：不到5分鐘的面診，3個半小時手術。

當她再次睜開眼睛看到鏡中的自己，嘴裡插著引流管，頭被繃帶一層又一層裹起來，像個肥碩的洋蔥。莫名其妙地哭了。

手術很成功，她甚至不到十天就消腫了。原來尚有稜角的下頜角不見了，她的側臉變成一條柔滑的曲線。不像她另一位被削狠了、一上街就被問「你整容了？」的朋友，沒有人看出她整容了。

　　男朋友找到她請求和好的時候，她感覺自己的臉每分每秒都在接受他目光的檢閱。結果他說：你瘦了。

　　而當她抬起嘴角想像從前那樣大笑，發現下巴裡的假體和傷口頂得她隱隱作痛。她看到自己笑起來下巴長得可怕，像個巫婆。這種立竿見影的改變，在方夏身上起了強烈的排斥反應。

　　她長時間面對鏡子裡的自己，這是一次自我揭發。她沉悶、觀想，一次次抬起兩腮的肌肉，為臉找到了各種各樣的比喻：香蕉。鞋拔子。圓規畫出來的弧度。皺得像核桃。她不怕疼痛。只是，「我真的完全無法面對這張流水線生產的臉」。

　　70天後，方夏再次找到G醫生，希望把下巴裡的假體取出來。這次G醫生呈現出一副醫法謹嚴的面孔，與術前那個輕鬆的他截然不同。G說：不能取，軟組織已經被撐開了，面部會下垂，會有雙下巴。

　　那刻方夏覺得：童話世界坍塌了。

　　事實上，作為科班出身，G在一面大批量進行下頜角切除的同時，也在醫學的學術世界裡探討著下頜截骨手術的種種前沿手段、實施路徑和後遺症。在一篇由G參與署名的論文〈下頜角修復病例

常見問題及分析〉裡，他提到了針對下頜角肥大的整形，「手術時往往不能精確截骨」，而可能導致的後果是：下頜角截骨過度，患者形成「馬臉」；雙側下頜角不對稱，面部軟組織下垂、肌功能紊亂、切口瘢痕、術中失血過多或大出血、下脣頰部麻木加重、面神經損傷下脣歪斜⋯⋯曾有削骨過度的案例出自他手，便再修復，植入人工假體，直到補出一個患者滿意的輪廓。

　　在醫學上，類似失敗是小概率事件。手術前院方會要求求美者簽署一個「免責聲明」，約定不可控風險由求美者承擔。這樣的聲明，方夏也簽過。當時她看著密密麻麻的白紙黑字有點犯暈，「就跟看租房合同似的」。她隨意劃拉上自己的名字。在流水線般的手術購買行為中，這個「後果自負」的瞬間倏忽而過。

　　徹底退出了「要美就要付出代價」的「小分隊」後，方夏發現了另一個組織——「顴骨下頜骨失敗修復群」，裡邊集聚著三十來個認為G醫生手術失敗的「患者」。

　　他們多數人陷入一個燒錢修修補補的無底洞，有人抑鬱，怨「自作孽不可活」，有人憤而維權，成為G和他助手口中的「魔鬼」。

　　一個網名「後來」的姑娘，簽名「最好的時光，是再也回不去的時光」。術前總有人說她長得像范冰冰或張馨予——如果臉再小一點的話。她好不容易攢夠5萬做了「全套」，但整容後，許多人說

她「變醜了」，包括她的母親。她的樣貌仍然在發生改變，面部整體下垂，淚溝、鼻唇溝加深，嘴巴變凸了，鼻子也似乎不比以前挺了。

另一個姑娘S，因為術後抑鬱，五年沒有工作。她一面修復一面維權，對北京各大醫院擅長輪廓修復的醫生瞭若指掌。她對方夏說，手術已經傷害到她身體，顴骨裡有鐵絲，下巴一直在流血，她平生最大的願望是要把G醫生送進監獄。為此，她擔起一個「反水軍」的角色，蒐集著G的種種失敗案例，反覆在互聯網發帖再反覆被刪帖、封號，以至奔赴揚州成為G的醫鬧，差點被警察帶走。S希望方夏參與起訴G的聯盟，方夏認為醫生手術並無大的瑕疵，S便將矛頭指向她：你是G的托兒吧？

當我間接詢問S是否願意接受採訪時，S問：記者能把G送進監獄嗎？

那是我的骨頭！

G大夫的太陽照常升起。偶爾他在微博上轉發范冰冰語錄：捱得住多大的詆毀，經得起多大的讚美。繼續發著經他妙手回春的「整形前」和「整形後」。7月31日那天，醫生一如既往在公共空間曬出九張不同形狀的下頜角截骨。方夏認出第8張魚刺狀的骨頭是她

的。有朋友評論：圖8那麼窄的下頜也有做的必要嗎？

她想用一個曾經質疑過G醫生的馬甲跳出來說：那是我的骨頭！

可是網路顯示「無法回覆」——她也被拉黑了。

4月底，方夏在天涯上發過一個整容失敗的反思貼，五個小時內點擊量過四萬。「很多網友評論，我還沒有回完，出門吃了個飯，就被天涯紮口子了。」

拉黑，刪帖，無法發聲。

沉默的螺旋也在整容界被複製著：枱面上的負面信息被儘可能清空了，世界看起來歌舞昇平。理性的人選擇忘掉過去重新生活，困住的人難以順暢地表達意見。方夏越來越看不懂了：為什麼當初的假新聞原來是真的，但身邊朋友真正的憤怒看上去又像假的？

一個希望削臉的姑娘聯繫上方夏，在聽完方夏盡數整形手術風險及抑鬱種種後，姑娘說：你找的醫生可能不好。

「其實她並不想聽這些不開心的事，只想尋找支持和鼓勵罷了。」方夏說。

方夏正在經歷人生最困惑的日子。她很想像以前那樣再去臭美，但她不敢面對人群，不敢面對爸爸媽媽。她害怕來自別人的評論。情緒時起時伏，她推掉幾乎所有朋友的邀約，從早到晚躺在床上玩手機，也不吃飯。等男友下班回家，見她在床上還攤著一動不

動，趕緊給她送來蘋果、甜品、叫外賣。

方夏知道自己身在深淵，但她沒有力氣走出來。她終日流連在「整形失敗」的網路訊息裡，泡論壇、搜微博、與各色整友聊QQ打電話，或者玩一個叫《天天愛消除》的「很腦殘但很爽」的遊戲，最高紀錄36個小時除了上洗手間沒挪過窩。

她從頭到尾翻看自己所有的照片，越看越難受。一次她忽然發現，其實變化最大的不是下頜角，是她的眼神。以前她的眼神是清澈如水，現在灰濛濛沒有生氣，甚至有些可怕了。

「長得好看受人關注我會開心，但受人關注的辦法有很多種。當有一天我老死了，人們埋葬我的時候，我希望他們是因為我克服了這些情緒，做了一些事情。」積極的時候，她努力說服自己，擰緊頭腦裡的發條正常運作。

可是，5月底的一天，方夏的班集體錄了一段視頻。她看到視頻裡自己的側面，「以前有棱有角，現在是像氣球一樣的圓弧」。一個同學笑嘻嘻地評價道，你是小包子臉。像是最後一根稻草，她感覺自己被戳穿，一下子塌了。

小包子臉。小包子臉。小包子臉……

這天晚上22點22分，她發了一條微博：「三月七號，到現在八十天。這八十天是我人生最灰暗艱難的八十天。爸爸媽媽，就當

沒有我這個女兒吧，我陪伴你們度過了十六年的光陰，算是報答。別了，我的愛人，我們相互見證成長，竟也十年時間過去了，你會找到那個她，我祝福你。」

她打算在死前跟男朋友攤牌，把這個爛在心底逼得她無路可逃的秘密坦白。

她等待他的審判。

沒想到他零時差就接受了：「我還以為你被那個啥了。原來只是動下巴。」

切開的創口裡，螺絲刀、鑷子、剪子不停地在方夏的下頦裡找啊找，不小心碰到一個麻藥未達的地方，疼得鑽心。

在未婚夫的陪同下，方夏決心取出她的假體，墊在下巴裡的medpor。這種人工骨會隨著時間，漸漸和人體組織融合在一起。方夏感覺就像把貼在一起的水泥和磚分開一樣。取出的瞬間，她聽見假體和她分離的聲音：刺啦。

把我P回原來的樣子吧

「這個手術就像一面鏡子，或者是很神奇的⋯⋯像生命遙控器，我通過一個按鍵，穿越到一個狀態，去過了另一種生活，我想像中

會更好的生活。以前我以為長得漂亮就會要什麼有什麼，就會沒有煩惱，真的這麼走了這麼一遭之後，還是自己的日子比較好。」

9月，我再次見到方夏，她又變了一次「臉」。她說最近班上開了一個討論會，才發現自己忙著抑鬱的時候，其他同學都有了那麼多進步，做了那麼多事情。她的臉有了血色，眼神也生動起來。

「現在想來我真的不適合做下頜角，可是G還是很輕鬆就給我做了。我覺得對於適應症的評估，還有心理評估，甚至職業家庭背景的評估這些都很重要，」方夏說，「我不否認有很多被他做完變自信很多的人，但是我確實是被他強大的網路水軍忽悠的。」

她意識到自己的病不在臉上，而是在心裡。「如果我真的去了，墓誌銘應該是，一個愛美的女孩死於愛美，還是，一個自卑的女孩死於自卑？」

美國已故整容外科醫生、心理醫生、演說家Maxwell Maltz曾寫過一本名為《心理控制術》的暢銷書。Maltz博士發現，許多患者儘管獲得了新的面容，但其內心的痛苦與缺乏安全感仍然影響著他們的人生。他在書中寫道：「許多考慮進行整形手術的人，其需求並不僅僅在於做一次外科手術，有些人根本沒必要做外科手術。如果我把這些人看成病人，看成一個完整的人進行治療，而不只是治療他們的鼻子、耳朵、嘴巴或胳膊腿，那麼我就應該給予他們更

多。除了矯正相貌上的缺陷之外，我還應該讓他們懂得怎樣得到心理、情感和精神上的『整容』，怎樣消除情感傷疤，怎樣引導正確的態度和想法。」

「削骨以後，我的側面就特別奇怪，斜度太陡了。雖然側面更陡，正面卻因為肉肉堆積變胖了，這就是自然法則不可違抗的道理，」方夏說，「我的臉也不可逆，但我接受了。」

她仍然在意自己的臉龐，但她已經開始和這張嶄新的臉和平共處，把精力投放到自己真正值得為之搏命的未來裡去了。

9月末的一個晚上，方夏和同學去拍藍底證件照，以備投簡歷應聘的需要。預覽照片的時候，她一看就愣住了——photoshop上，修圖的攝影工作者抹掉了她兩頰嘟出來的肉，把臉往裡收，拉長、拉長，拉出了一張證件照上完美的瓜子臉。

方夏請求：把我P回原來的樣子吧。

「這是按流程做的，別人都是要把臉P小了，」對方坐在電腦前，手握鼠標，斜了她一眼。

在中國創業，有的人瘋狂了，有的人涅槃，更多的人死了

▌ 周華蕾

北京中關村。（攝：Giulia Marchi／端傳媒）

在經濟下行預期、「最難就業季」年復一年、社會情緒暗潮湧動的重重壓力下，大陸中央政府出台一系列「互聯網＋」利好政策以促成中國新的經濟增長點，將這場發軔於2014年的「大眾創業、萬眾創新」運動推向浪潮之巔。而伴隨全民創業熱情高漲和資本瘋狂追逐而來的，是對個體創業者而言愈發兇險的生存環境，其間夢想的膨脹與驟滅，戰爭的絞殺與突圍，創業公司的死亡與重生，每一天都在上演。

創業一年多，Dreamobi創始人及CEO李孔明拿到他的體檢報告。一長串指標在警報：睡眠欠佳、腦疲勞、心臟功能欠佳、肝功能減弱、咽不適、腸功能紊亂、脂代謝紊亂⋯⋯

李孔明不到30歲。2014年潮動以來，平均每天3萬人匯入這支以「大眾創業、萬眾創新」為指引的創業大軍，李孔明的同齡人——80後和90後佔80%以上。

2014年1月，他主打手機遊戲海外推廣的平台Dreamobi上線。

3月，Dreamobi拿到120萬美金的天使輪投資（註：創業圈裡的術語，即企業在草創時期的融資，通常金額較小。）

8月，李孔明在國家會議中心分享了公司月流水達幾十萬美金的奧秘。

2015年元旦，他在朋友圈致小夥伴：「相信我，我一定會帶領

你們成功，我願賭上我所有的一切！！」

　　然而，這是互聯網世界生存法則的另一面：生死存亡，瞬息萬變——三個月後，Dreamobi死了。幾個月間，李孔明從一名直上雲霄的青年CEO跌落為一個地獄中的抑鬱症患者。

　　阿里研究院在2015年7月發布的《中國雙創生態研究報告》裡對創業公司生命週期描述道：A輪（註：初創企業的第一輪來自風險資本的融資）不難，兩年是分水嶺。Dreamobi沒有捱到pre-A（註：初創企業在天使輪後期的融資，通常盈利模式還不清晰）。

在中國一線城市，創業公司的生與死每天都在上演，以燒錢和難以找到盈利模式著稱的O2O陣亡名單長長，長得像裹屍布。

　　這是中國建國六次創業浪潮以來最大的一次，泡沫正在破裂。人民幣貶值預期、全球股市的震盪，使得中國短時間內不再是國內外熱錢追捧的樂土。天平已經從創業者倒向投資者那一端。公開場合裡，那些曾被互聯網風口裹挾的高智商的頂級投資人們立住了腳跟：寒冬擠去了泡沫和浮躁，剩下最堅實的創業者和真正創造價值的企業，冬天是更好的播種時期。

　　對於狂歡的創業者而言，有個idea、會做powerpoint幻燈片就

能輕鬆融到幾百上千萬的光輝歲月一去不復。除去金字塔尖的少數技術驅動型企業依然炙手可熱，大部分創業者越來越難拿到投資，公司估值一跌再跌，像是折扣季的商場掛滿聳動的sales。朋友圈裡，10萬＋的文章〈22歲，天使輪估值超過6億，將顛覆整個視頻和廣告行業〉被〈90後CEO：從估值過千萬到一無所有是怎樣的體驗〉埋葬。在中國一線城市，創業公司的生與死每天都在上演，以燒錢和難以找到盈利模式著稱的O2O（註：Online To Offline，即從線上到線下的服務）陣亡名單長長，長得像裹屍布。

「人是一種不可救藥的樂觀的動物，總會有過冬的辦法，」70後謝毅（化名）對我表示，因為融不來資，他已放棄一款叫「美麗巴巴」的韓妝app創業，剛在一家致力於企業應用性能監控的科技公司覓得高管職位。

根據LinkedIn在2015年底公布的「2015創業人群現狀調查」，屍橫遍野中，63%的人群如謝毅會選擇重新回到職場打工，11%的人選擇暫時休整，還有20%的人如李孔明會原地滿血復活，一遍遍試錯，直到找到新的突破口。

2015年12月29日美國《連線》雜誌封面報導認為，在這場革命般席捲上下的創業浪潮中，中國將由山寨大國走向一個創新大國。

作為踏浪而來的千萬分之一，未來會如何？李孔明不確定。他

第N次失敗，又第N+1次創業，然後在時間長河的某個凌晨，默默更新了一條狀態：收工，再戰。

「擁抱移動互聯網，你就是下一個馬雲」

李孔明埋頭創業的這幾年，經濟學家們正觀望著中國經濟的衰退期：鋼鐵、工業用油等行業產能過剩，實體經濟普遍慘淡，國家統計局對2015年前三季度GDP統計為同比增長6.9%，自2009年6月以來首次未能保住7%的經濟增速。與此同時，是2015年大陸高校畢業生規模達749萬人的「更難就業季」的到來。

不遺餘力地推進「大眾創業、萬眾創新」，這是中國總理李克強上任後的重要命題。2014年9月在夏季達沃斯論壇上，李提到，「試想，13億人口中有八九億的勞動者，如果他們都投入創業和創新創造，這將是巨大的力量。」

「要破除一切束縛發展的體制機制障礙。」李克強說。此後，各地政府逐漸下放、取消了有關創業的數百項行政審批權。教育部發通知，要求高校建立彈性學制，允許在校學生休學創業。

一家成立不到兩年的科技媒體億歐網，曾盤點了截至2015年12月30日，2015年全年國務院召開的41次常務會議和討論的150餘項議題，

其中直接或間接涉及創業的議題達50餘項，佔總體議題的1/3左右，
「若給2015年移動互聯網圈選拔代言人，那肯定是李克強總理，」
這家媒體總結道。

這個社會各階層越來越難以流動、底層人向上升遷的通道越來越窄
的時代留給大學生的空間如此之少，創業，幾乎是他們實現財務自
由的唯一通途。

　　在地利天時之前，李孔明就已打定主意要創業了。「我的身
邊，100個朋友，可能有99個想要創業，」他不無誇張地說。

　　李孔明生於1986年，這一年，中科院向歐洲物理高能所發送了
第一封電子郵件，宣告中國互聯網的開通。伴隨互聯網成長起來的
新生一代有著歷代中國人缺乏的氣質：自信、敢闖、無懼權威。但
這個社會各階層越來越難以流動、底層人向上升遷的通道越來越窄
的時代留給大學生的空間如此之少，創業，幾乎是他們實現財務自
由的唯一通途。

　　「創業的原動力是改變，第一改變自己，第二改變生活，第三
實現自己的價值，」堆滿沙發和椅子、時刻處於備戰狀態的小型會
議室裡，一副黑框眼鏡、蓄著鬍渣的李孔明對我說。

2008年，李孔明從武漢一所學校的工商管理系本科畢業，如願「北漂」。第一份工作在阿里帝國的B2B（Business to Business）事業部。

　　「就是程維那個部門」，李孔明強調。程維，1983年生，曾是阿里巴巴最年輕的區域經理，以「恐怖的執行力」揚名，剛作為互聯網新生代領袖參加了2015年底烏鎮第二屆世界互聯網大會。2012年他離開阿里而創辦的移動出行平台「滴滴出行」，是這個寒冬裡估值151億美元的巨型「獨角獸」。

　　輾轉在阿里、鳳凰網以及印度最大的移動廣告公司Inmobi積累經驗值的四五年間，李孔明愛social，參加各種創業活動，結識朋友。不同的場合，那些企業家、投資人、創業成功者提出的新概念花色繁多如快時尚，大數據、互聯網思維、風口、SoLoMo（social+local+mobile 社交＋本地＋移動互聯）……

　　大佬們在講台上在媒體上在公號雞湯文裡高頻喊話：擁抱移動互聯網，你就是下一個馬雲！

　　截至2012年6月底，中國手機網民達3.88億，手機首次超越台式電腦成為最大的上網終端。至2015年6月，這個數字達到5.94億。

　　像一個浩瀚而儲量不明的金礦，移動互聯網正迎來年輕創業者們的前仆後繼。這場運動來得如此劇烈，以至三五年間，從BAT

（即「百度Baidu」、「阿里巴巴Alibaba」和「騰訊Tencent」的簡稱，中國三家最大的互聯網公司）的技術中層發展到後來傳統行業的高層，從普通職員、新手、乃至尚未轉正的實習生，紛紛脫韁湧入。

「金手指」

「09年國內的創業氣氛就起來了。當時比較急，積累了一些資源，覺得自己可以了，」約在2010年，職場兩年後，李孔明有過一次短暫到幾乎見光死的創業，「商業計劃書比較low，談判時也抓不到點，商業模式一聽就不靠譜」。燒光了自己腰包裡的十幾萬積蓄，他重返職場蟄伏。

回想五年前的自己，青年李孔明說，「那會兒就是個小孩」。

由康盛公司與艾瑞諮詢機構2012年底發布的《互聯網創業者生存與發展報告》顯示：95%的創業者選擇互聯網行業，72%的創業者出於「興趣愛好」，但超過57%的創業者對自己創業的行業表示「完全不了解」或「略微了解」。而有85%的創業者靠自有資金啟動創業項目，工作團隊一般不超過5人。

但如IPO開閘、減免稅賦、放鬆審批權等一系列的政策利好，使得嗅覺敏銳的資本正大規模奔向「互聯網＋」的投資，逐漸為懵

懂的年輕人們締造一個完整的、門檻越來越低的創業投資生態圈。

> 一些創業團隊乾脆不租辦公室，只需幾杯30元的咖啡，全天候在此佔座辦公。這裡24小時不打烊，有北上的創業者帶著行李箱來此過夜。你可以在這裡拓展人脈資源、招聘程式員、偶遇大牌的投資人。

　　北京西北四環，清華大學、北京大學等名校以南，騰訊、新浪等互聯網巨頭以西，一條全長220米的街道，有創業者的「延安」之稱。2014年6月，這條海淀圖書城步行街被正式更名為「中關村創業大街」，如今30多家孵化器、創業服務機構在道兩旁鱗次櫛比，近4000個創業團隊雲集於此。據財新網載，過去一年中，它孵化了600多個創業團隊，350個團隊拿到融資額共計17.5億元（註：人民幣，下同），平均融資額在500萬元左右。

　　這裡是互聯網的圈子，創業者儘可以一無所有地來。在車庫咖啡、3W咖啡這樣的老牌孵化器裡，一些創業團隊乾脆不租辦公室，只需幾杯30元的咖啡，全天候在此佔座辦公。這裡24小時不打烊，有北上的創業者帶著行李箱來此過夜。你可以在這裡拓展人脈資源、招聘程式員、偶遇大牌的投資人。2015年5月7日，總理李克強也走進了這個朋友圈，他面前擺著一杯香草卡布奇諾，和眾多草根

創業者親密聊天、合影，杯身印著3W咖啡創始人、一位80後財富新貴的話——「生命不息，折騰不止」。

　　資本熱切追逐著這個圈子。三年前，「天使投資」在中國還是個陌生詞彙，現在，一個創業公司從天使輪、種子輪到上市，都不難得到相應的資金支持，這意味著，創業者不用再燒自己的錢了。「從BAT出來創業，連項目原型都沒啟動就可以拿上百萬元投資，」一名叫張華的知乎網友感慨道。

　　2013年底，李孔明自「亞洲矽谷」——印度班加羅爾負笈歸來，試圖借鑑老東家InMobi的商業模式東山再起。他為新公司命名：Dreamobi，主攻手機遊戲中的原生視頻廣告。創業要求這個年輕人不斷有新的想法迸發，以至他閉上眼睛就是各種工作的場景，不管壓力還是興奮，李孔明喜歡這種狀態，「就是撞也要撞出點動靜來！」

　　2014年3月，李孔明帶著新項目走上了Demo China的春季賽場——這項由創業邦主辦的比賽現為中國規模最大的創業類項目秀，有「中國創新項目的金手指」之稱。

　　他進入總決賽，被選為「創業之星」，很快拿到中國頂級投資機構之一——徐小平的真格基金領投的120萬美金。

從0到1，從1到X，從X到1

中國創投圈的暢銷書《從0到1》裡，矽谷PayPal創始人Peter Thiel一再強調創新的價值，「你必須找到創新的獨特方式，讓未來不僅僅與眾不同，而且更加美好」。

但也有讀者認為，這本書也許並不適合中國國情。「一方面的原因是其抄襲的成本較低，另外一方面是其整體社會環境和配套機制的缺失，導致在中國更多的從0到1的創意會在瞬間內被複製，從0到1瞬間成為從0到X，」一個名為「道哥論道」的自媒體人評論。

從0到1的前半年，李孔明走得順風順水。2015年1月，他做了一次產品在線推廣活動，之後電話終日不斷，求合作的、投資的、諮詢的……

但他沒有想到，他的業務模式被國內的競爭對手迅速抄襲了。對手對Dreamobi發起猛攻，一時間，廣告位的收購價被抬高了100%—200%。

哪個項目火了，旁人就一窩蜂湧上去跟風。於是砸錢，短時間內讓競爭環境變得無比惡劣，擠死小公司——這是互聯網公司競爭中，後來居上者最常用的進攻方式。

「我們給不起這樣的價，」李孔明當時已經手頭緊，正在談Pre-A的融資，而「對方沒準是C輪、D輪的公司在砸錢」。

這場蓬勃的創業運動名為「萬眾創新」，實際上，富有創造乃至微創造精神的公司依然乏善可陳。更常見的是：哪個項目火了，旁人就一窩蜂湧上去跟風。於是砸錢，短時間內讓競爭環境變得無比惡劣，擠死小公司——這是互聯網公司競爭中，後來居上者最常用的進攻方式。「反正是燒投資人的錢，不是自己的積蓄，」虎嗅網編輯馬偉明說，「不過投資人再有錢，也不如BAT」。

在1被跟隨變成X後，往往是X中最能砸錢最有執行力的一家勝出，成為最後壟斷的1。

慘烈的競爭、資金鏈緊張、談不來融資，也就一個月，Dreamobi項目宣告失敗。

「有一段時間感覺要被擊垮了，不創業了，回去打工算了，」但他又感覺回去打工也是一種失敗。服用抗抑鬱藥物後，李孔明緩過神，打算再給自己幾個月折騰的機會。

他成了又一個X。每天早上到辦公室第一件事，他和合夥人會先去36氪、鈦媒體、虎嗅等大陸新興科技媒體看一看新創業公司的新聞，「去找一些公司可以copy的項目」。7到10月，他們試探了約三四十個項目，O2O的，互聯網金融的，互聯網餐飲的，個人助理

的，汽車後市場的……

　　下一個目標是早餐O2O市場。

決戰O2O：從死人堆裡爬出來的

　　李孔明曾認為這是一片尚未被「餓了麼」、「美團」等O2O外賣
巨頭吞噬的藍海，有消息稱，2015年，中國早餐市場規模達4188億。

　　O2O，這種online-to-offline的模式被認為是一種中國創造。曾
有美國匹茲堡大學的教授來中國交流，聽說有一種「什麼時候肚子
餓，打開手機叫餐，不到1小時就送到，價格還很便宜」的叫餐軟
件，感到不可思議。而這樣便利的上門服務，已經成為北京和上海
人的生活日常，打開手機下單，你便可以享受：上門洗車、上門送
藥、上門美甲、上門按摩……這項產業蓬勃的基礎是，中國極低的
物流成本、人力成本。

企業們通過砸錢大量補貼來跑馬圈地，培養用戶習慣，儘可能多地
獲得用戶形成閉環，再『為所欲為』。

　　一份來自創業邦的調查顯示，2015年，有61.14%的創業者最看好

O2O電商領域。O2O的盈利模式在於「羊毛出在狗身上」：企業們通過砸錢大量補貼來跑馬圈地，培養用戶習慣，儘可能多地獲得用戶形成閉環，再「為所欲為」。由於中國人口基數眾多，即便一個主打上門美甲服務的app也能輕鬆估值到三億美元、喊出如apple般「再一次改變世界」的口號。

高收益背後也有高風險，這是廝殺最慘重的互聯網行業。2015年中，當李孔明正早起在北京的地鐵口蹲點計算O2O早餐的可行性時，在上海近鐵城市廣場新裝修的辦公室裡，外賣O2O行業的勝出者、餓了麼公司COO康嘉對我表示，他對趕集網CEO楊浩湧一句話感同身受，「他是從死人堆裡爬出來的」。

「一定要有狼性，一定要有很強的執行力，」1985年出生的康嘉說。2014年，餓了麼迎來創業高峰，公司從200多人火速擴展到5000多人，獲得超過10億美元的巨額融資，「就跟武俠小說裡虛竹一樣，莫名其妙很短時間內身體被注入很強的內力，成了一個武林高手」。睡辦公室、每天睡眠不足6小時、加班是康嘉的生活日常。他感覺回到了革命年代，需要以中國最好的創業團隊——共產黨「敵退我進，敵進我退；敵駐我擾，敵疲我打」的十六字方針來決勝對手。

據《時代週報》稱，這場外賣O2O江湖的價格補貼大戰，讓美

中國北京中關村的電子產品商場。（攝：Giulia Marchi／端傳媒）

團和餓了麼半年燒掉幾十個億。在地推（地面推廣）前線，美團和餓了麼員工屢次發生肢體衝突。

這場市場搶奪戰至今未見分曉。

位於北京東北四環的望京SOHO，因創業公司高密度雲集，得名「O2O宇宙中心」。午飯時分，人流嘩啦啦地從200米高的摩天樓裡解放出來，各種地推掃碼團隊湧上來，讓世界著名設計師Zaha Hadi的建築傑作頓時兵荒馬亂。謝毅家在望京SOHO門前的阜安西路，又稱「掃碼一條街」。在資本寒冬導致O2O企業變成重災區以前，這裡一度是共產主義社會的雛形——送水果，送玉米油，送孩子的毛絨玩具，霧霾天還送口罩——只需你掏出手機輕輕一掃，下載app。謝毅每天一出門，各色地推便追上他尋找「痛點」：先生需要上門按摩嗎，先生需要造型設計嗎，先生需要廚師給您上門燒飯嗎？

有一個段子：「最近大城市生活水平上升很多，因為全世界的VC投幾百億美元，基本都補貼給北上廣人民。」

實地調研後，李孔明果斷放棄了這畔燒錢的「藍海」，「所有成本加起來，每單30、40都cover不住，會死得很慘」。

股災之後，「手縮緊了」

2015年，身處暴風眼的投資者們，正在感受創投市場的瘋狂。

資本市場的參與者越來越多──《中國雙創生態研究報告》描述道，「創業投資逐漸呈現資本前移，天使輪及Pre-A輪投資項目比例增多」，「人人都想做天使」。FT中文網一篇評論文稱，「很多做後期的PE，也把觸角伸到前面的天使輪，進一步加劇天使輪競爭。」

互聯網公司估值越來越貴──同一種創業類型，中國公司的估值往往比美國高出2到3倍。矽谷孵化器500 Startups成立五年，在全球投資超過1400家創新企業，但2015年，它在中國大陸只投了一個項目。「中國的創業公司實在是太貴了，」這家孵化器的大中華區合夥人馬睿對一家科技媒體表示。

成本越來越高　　在大熱的P2P（peer to peer 個人對個人）互聯網金融領域，競爭導致拉一個用戶的成本達到400元乃至上千元不等。而湧現的創業公司和高額融資也帶來人才市場的爭奪，這個行業的跳槽越來越頻繁，「恨不得三個月跳一次」，人力成本被抬得越來越高，一個大專畢業的程序員可以要價50萬年薪。

「2015年上半年太瘋狂，優秀的項目數量不多，搶來搶去水漲船高。很多資本便退而求其次，一般般的項目也能融到錢，」北京

大學校友創業聯合會組織北大校友眾籌的一八九八咖啡館運營長蔡潤維說，「大家的投資手法相當激進，項目又太貴，有時半年把一年的錢投完了」。

而早在2014年9月，經緯中國創始管理合夥人張穎就向經緯系的CEO們發出了這一場寒冬的預警：

「在過去9個月中，如果稍微留心一點，你們應該也可以感受到創投圈正在變得無比的瘋狂……而今天，我想和你們聊聊硬幣的另一面：市場從『貪婪』轉向『恐懼』的關鍵節點只在彈指之間。」

不要怪冬天太冷，怪你衣服穿得不夠。

對於謝毅而言，寒冬的氣息來得直接了當，分水嶺就在六七月的股災──那個月以後，他正籌備中的創業公司發不出工資了。他當機立斷，重新在一家即將C輪的IT公司謀到了高管的職位。C輪中，這家公司的估值被腰斬。

「一盆冷水澆下來，大家意識到身邊的環境動盪，形勢不好了，手縮緊了，」蔡潤維表示。股災期間，2015年7月3日，證監會宣布暫緩企業IPO。「去年有三四十家互聯網公司上市，大家投資信心很足，今年突然被叫停了。中國大部分互聯網創業企業都不能實現盈

利，投資人是通過上市來套現退出的，錢回不來，就比較謹慎。」

此外，還有一些實業企業因為股災，「錢縮水得厲害，承諾的投資拿不出來，也沒有膽量去參與投資。」

宏觀經濟下行的壓力之下，2015年，互聯網企業的併購越發頻繁：2月14日，曾勢不兩立的叫車O2O公司滴滴和快的宣布戰略合併；10月8日，O2O服務平台美團和大眾點評宣布合併；10月28日，兩大在線旅遊品牌「攜程」與「去哪兒」宣布合併……

而其他創業公司的死亡訊息接踵而來，O2O成了重災區。死因：同質化嚴重、盈利模式不清晰、資金鍊斷裂。2015年底，曾爆發增長的3000多家P2P平台已有1300多家跑路或倒閉。

「大概春節前還會死一批，」謝毅憑經驗論斷。

不過，儘管投資人的錢包括得更緊了，但他們的普遍態度是，創業是創業，資本寒冬是資本寒冬，這是兩回事。

「現在一般的項目融不到錢，優質的項目還是哄搶，」蔡潤維說，「不要怪冬天太冷，怪你衣服穿得不夠。」

死亡與重生：從大眾創業走向精英創業

這個冬天快要到來的時候，李孔明找到了又一次創業的突破口

——經過大量市場調研和數據分析，他打算針對海外年輕女性，鎖定發展中國家裡電商發展迅速的國家，做出口優質「中國製造」的跨境電商，第一站是俄羅斯。

10月27日，李孔明的新項目Bglamor上線。

「雖然還沒有非常好的成績，但整體數據一直往上走，」李孔明說，「上一次的創業經歷能給這次非常多的借鑑，心理素質、用人標準、對風險的把控更清晰了，很多坑不用去踩。」

然後他又提起程維。這個上午，他剛讀完一篇程維的封面報導。程維也是一個從O2O死人堆裡爬出來的人，帶著滴滴打車走到今天，口袋裡有將近40億美元現金，卻還一直活在死亡的恐懼之中，至今瘋狂加班，「一樣的，我們需要有非常強的危機感。之前我拿到錢覺得很成功了，其實拿錢只是第一步，還沒開始走呢，」李孔明說。

他計劃年後再去找投資：「做最壞的打算，盡最大的努力就好了。」

「創業和投資都像是賭博，一旦一個人有過幾次失敗經歷，從概率學的角度來講，下一次成功的可能性會更大，」蔡潤維表示。

眼下，在門檻較低、靠拼資源的O2O領域局勢日趨明朗，基本被BAT三家巨頭壟斷。互聯網金融、科技創新型企業是資本方青睞

的下一個投資方向。

> 他把那些懷著夢想共同搏命的40多個小夥伴一個一個辭退，直到辦公室裡只空蕩蕩剩下三個合夥人。

　　一些人認為，泡沫正在破裂，如今的大眾創業正在向精英創業回歸。「古往今來都是精英創業，大眾創業只是多了一些炮灰而已。不是說草根創業不能成功，只能說，成功率實在太低了，」一位不願透露姓名的受訪者表示。

　　寒冬裡，每一家失敗的創業公司也許會重蹈2015年5月時李孔明走過的路：他把那些懷著夢想共同搏命的40多個小夥伴一個一個辭退，直到辦公室裡只空蕩蕩剩下三個合夥人。他失眠，抑鬱，每天抽兩盒煙。他和外界切斷聯繫，他害怕別人問候：最近怎麼樣？

　　「你很希望突然有一個idea冒出來力挽狂瀾，但你腦子想破了，也出不來。和新聞裡說的不一樣，像陳歐，他失敗了可以馬上搖身一變，轉型成功，」李孔明說的陳歐是聚美優品創始人，80後陳歐曾以四年兩個月刷新了互聯網公司赴美上市的最短時間，為他們共同的投資人徐小平帶來了1022倍的經濟回報，「但這些都是太小概率的事件，大部分人會死在這個階段。」

2015年12月8日，中關村的創業大街上很少行人。北京市海淀區政府正準備將這條220米的街道直接延長至7.2公里，打造為更龐大的創業創新的資源集散地。這時中午，3W咖啡店裡，牆上創業大佬們的16寸照片比店裡的消費者還多。創業者們稀稀拉拉。一桌三個男人圍坐，配著總理同款咖啡，嚼著9塊一個的肉夾饃在談企業架構。又一桌坐著一個乾瘦的男人，他站起來，西裝大了一號。他提提褲子，一遍又一遍用食指把腰間的皮帶扣擦的鋥亮些，再鋥亮些。

　　谷底尚未到來。

活佛下山記

周華蕾

在拉薩大昭寺，內地遊客捉著一位僧人，逐一與他合照留念。問及僧人是誰，遊客表示不知道，只是見所有人都在拍，也就湊熱鬧一起拍。（攝：Pazu Kong／端傳媒）

你幾乎會在各種場合偶遇他們：在人頭攢動的機場，在星級酒店，在眾多商人簇擁的飯局上，在藝術展，在房地產商的新盤發布會……他們有人被雜誌評為年度人物，有人當了導演拍了電影出了專輯，有人睡了女明星。有時他們一出手就是上百萬的豪車，有時他們住在北京屌絲們望塵莫及的北京三環內的九十平方米以上大戶型住宅裡，裡邊藏著大塊的綠松石、古代盔甲和不計其數的唐卡。

　　他們不是高官也不是富商，從某種意義上說他們不著一物連一毛錢也沒有，但毫無疑問，他們炙手可熱，是當今京城最尊貴最奔磔的群體之一。

　　這些身著絳紅色袈裟、面部帶有濃重青藏高原特徵——黑皮膚高鼻樑高原紅及濃眉大眼的藏傳佛教修行者們，正越來越多地進入北京人的生活。與漢傳佛教同根而生、幾百年來鮮有涉足漢地的藏傳佛教，因為地處偏遠而獲得相對完整的傳承性，並在「西藏熱」、「宗教熱」的大好形勢下，一躍而躋身為內地都市精英人群的新生精神支柱和漢傳佛教強有力的替代品。

　　漢地信徒常常把他們奉若神明，囫圇稱作「活佛」、「上師」、「仁波切」。但也有敏銳的非信徒開始以不屑的口吻調侃：「新京城三大俗：普洱、國學加藏密」、「朝陽區有三十萬散養仁波切」，這是近期中國大陸網路流行的段子。

然而，與之形成鮮明對照的是，「朝陽區沒有一所合法的佛寺」，中國人民大學佛學研究中心主任魏德東說。

　　在藏族地區，僧侶們有嚴格的等級體系，比如活佛、堪布、上師、喇嘛，相應的修行對應相應的稱謂，只有聚德聚慧的高僧大德，才被稱作「仁波切」（Rin-po-che，藏語裡是「無上珍寶」）；但在漢地，因為地理遙遠、語言不通外加知識體系的壁壘，他們帶著異域文明烙印的一舉一動，漢人很難分清對方到底是仁波切，還是一個騙子。對此，知名藏族作家阿來有感而發：「現在藏區活佛僧人，無論真假，到內地弄錢都很容易。我去過四川省新龍縣一個村子，當地人說，這村很多男人都裝成喇嘛到內地化緣，成了一種『產業』。他們對我說：漢人笑我們信教是愚昧，可是他們連真假喇嘛都分不清楚就給這麼多錢，不是更愚昧嗎？」

佛學基底越薄弱，走出的活佛越多

　　藏傳佛教為什麼如此流行？由中國社會科學院發布的《宗教藍皮書》援引美國普度大學的調查顯示：最近30年來在中國大陸恢復最為迅速的宗教是佛教，信仰者人數也是全體人口中所占比例最高的，大約為18%，認同佛教信仰的人數大約有2億左右。

不過，內地漢傳佛教的現狀還是很弱勢，在「文革」期間，禁止出家、要求所有僧侶還俗、強迫和尚與尼姑婚配，漢傳佛教的信仰傳承被徹底腰斬。上世紀70年代末，隨著中國宗教政策的恢復，出於外事活動、旅遊發展等的需要，很多寺院由文物局、旅遊局和園林局等政府部門主管。「政府現在給佛教資金特別多，有時建一個寺廟塞了幾個億，還有有錢人數不盡的香火錢，但真正有修為的住持、出家人太少了，佛教自身的組織性也特別差，現在國內的局面非常混亂。」一位常在寺院調研的佛教研究者表示。

　　儘管「文革」期間的藏傳佛教也飽經風霜，但相對於被連根拔起的漢傳佛教而言，它仍保持了相對的完整性，擁有一整套完整、嚴密、次第相銜的聞思修體系。據當代佛教研究學者尕藏加（供職於中國社會科學院世界宗教研究所）表示，藏傳佛教的流行還有許多世俗化原因──「密宗是一個非常生活化的宗派，強調功能性。它的儀軌和儀式非常豐富，跳神、法務、樂器、各種舞蹈和音樂都在密宗，它無所不能，有求必應。身體不好，有藥師佛，想發財，有財神佛，生活化到無所不包」。此外，如輕功、渾身發熱的拙火定等深受大城市信眾喜愛的略帶特異功能性質的「神通」，也都是密宗的顯著特徵。

　　按照傳統，西藏的僧侶需要進入佛學院修習顯宗和密宗。尕

臧加表示，密宗在藏區被認為是一把雙刃劍，一不小心就會墮入地獄，藏民不修密宗，而能修密宗的僧人也非常少，大約只占百分之一二。而藏傳佛教戒律最嚴格、規模最大的格魯派，僧侶需要花15年甚至更多的時間完成顯宗理論部分的學習，再進入規模甚小的上下密院修習密宗，學有所成時，一般都四五十歲了。

「由於格魯派戒律森嚴，僧人一般不許隨意走動。一般活躍在漢地的藏族僧人，多為戒律較少的寧瑪派、覺囊派等。一位自九十年代起先後三次皈依的博士表達了自己的觀察和隱憂：「越是藏傳佛教正統的緣起地，比如西藏山南地區出來的『仁波切』在北京就越少，越是地處偏遠、佛學基底薄弱的地區，出來的『仁波切』就越多。打一個不恰當的比方，就像是劣幣驅逐良幣。」

學者尕臧加曾經在1990年代的田野調查中，和一些西藏僧侶討論過到內地傳法的問題。有僧侶認為這是一個雙向選擇。「藏區往往是經濟欠發達地區，老百姓沒有錢，只能布施幾斤羊毛、幾斤青稞，修不起『大經堂』。有時看到有誰去了內地，回來就修了很好的大經堂，效仿的也就多了起來。」

而四川成都由於地理位置，成了上師涉足漢地的首選落足地，同時也是聚集上師們最多的地方，藏族上師來內地傳法的人數、頻率和時間遵循「一線城市——二線城市——三線城市——其他城市」

而呈現遞減趨勢。

問一問活佛，應該到香港生孩子嗎？

在一篇〈論當代藏傳佛教在內地傳播的原因、特點和發展趨勢〉的論文裡，作者彭蘭閔做了一份基於400名藏傳佛教徒（373份有效）的調查問卷。文中分析，內地藏傳佛教傳播早期，高級知識分子、商人、明星等是主要信仰者（跨文化交流中，更迅速地採納創新事物的意見領袖們），隨後學生、公務員、普通職員等也加入其中，近年來開始出現老年人皈信藏傳佛教的現象。

在論及信仰藏傳佛教原因時，31.4%的人表示為神秘藏族文化所吸引，13.7%求解脫，11.8%沒有人生目標，但求順利升學，7.8%經濟困頓、感情、婚姻受挫及健康原因，5.9%祈求家人平安，3.9%事業受挫，1.9%寂寞孤獨。

「很多人是為了修天人福報，學佛、受皈依戒，都是為了健康長壽、工作順利、孩子能夠順利考上大學、能夠找到很好的工作，希望自己平安，或者做了惡事求心安。但更多的信仰者期待藏傳佛教能夠提供有效的精神支持。」文章總結道，「相當多的居士把佛教與迷信、外道混為一談，不知道什麼是正信佛法，更談不上次第

教導。」

而「灌頂」，幾乎成為漢地藏傳佛教最時髦的標籤。在上述論文中，54.9%的受訪藏傳佛教信仰者參加過灌頂傳法，高居藏傳佛教宗教儀式和宗教活動之首。

現在，一些藏地寺院開始通過網路為內地信仰者提供打卦占卜。一個名為「色達喇榮霍西文殊增慧佛學院」的網站上，明碼標價打卦費100元／卦，問一件事情打一卦，打卦的所得經費將用於增刻瑪尼石，這樣既能夠和高僧大德結上緣分，又能參與共修增刻一億塊瑪尼石，還能得到阿拉山神的加持。

我在採訪過程中，曾聽到兩位居士向上師所問的事情，一是房價起伏不定，投資的房子是否應該拋售？另一位則問是否應該到香港生孩子？

根據一份舉報材料，某航空公司管理層曾在過去十餘年間，因為「活佛主要要求來新房閉關，閉關理由：我家有鬼」、「活佛說我兒子貝貝身上有小鬼搗亂、必須斬妖除魔」、「活佛說昨晚做夢夢見我家還會有大的災難，還要供養30000元」等緣由，為一個四川省阿壩縣各莫寺「活佛」先後提供了355萬元供養。事後他發現「活佛」並沒有把錢交給寺院，而是為個人添置了包括3輛汽車在內的私人財物，而且，這個「活佛」已被寺院開除。

憤怒之餘，他將「活佛」「扭送」至北京順義區某派出所。2014年6月，北京市順義公安局將這位涉嫌詐騙已被拘留的「活佛」取保候審時，給出的回覆是：維穩、警力不足、地域偏遠取證困難。

　　而這位「活佛」座下，還有更多的「弟子」選擇了沉默，他們害怕「得罪了僧人，會下金剛地獄」。

政治不鬆綁，宗教活動只能轉入地下

　　在1990年代，現代文明漸漸滲入西藏後，許多戒律裡尚未規定的事情出現了。僧侶開始騎摩托車、住酒店、看電視、用手機、坐飛機、開轎車，對於這些現象當地爭議很大。「出於弘揚佛法的需求，這些行為有存在的必要，但問題是，僧人如何把持？」學者尕藏加對此評議說，現在是一個青黃不接的時代：傳統寺院的組織紀律被打亂，而新時代的秩序尚未建立，一切似乎混沌未開。

　　找女朋友的僧侶也慢慢多起來，一經發現，通常是開除。僧人被開除還俗，從前在西藏是奇恥大辱，現在慢慢地好像也沒這回事了。

　　「目前西方國家的基督教、天主教從彼岸神學走向社會關懷，正是適應了現代化的結果，台灣的佛教也完成了現代化的華麗轉身，四大山頭紛起（編輯註：證嚴上人的慈濟功德會；星雲大師的佛光山；聖嚴法師

的法鼓山；惟覺老和尚的中臺禪寺），由出世而入世，由叢林而都市，積極弘法，寺院靜修整飭有序。這些都為大陸佛教的現代化轉型提供了很好的藍本」，某宗教觀察者稱。

2014年3月，中國國家主席習近平在參觀聯合國教科文組織時全面論述了佛教中國化的歷程與意義，並高度肯定了三大世界性宗教與中國文化在歷史和現實生活中的互動，在觀察人士看來，此語出自奉無神論為圭臬的中國共產黨最高領袖之口，其轉變之巨、尺度之大惹人聯想。

然而，雖然當局在政治取態對宗教發展開始鬆綁，由於現存政策法規的慣性壓制，現有合法宗教修習人員和場所仍是供不應求。

按照2007年1月1日頒布的《西藏自治區實施〈宗教事務條例〉辦法（試行）》，未經批准，「宗教教職人員不得在宗教活動場所外從事受戒、灌頂、講經、傳教、發展信徒等宗教活動」。但在現實中，以精舍為單位、一個上師或幾個上師引領若干弟子的格局，已然在北京發散開來。

由於擔任中國宗教連續調查課題負責人，魏德東密集接觸過幾家漢地的藏傳佛教場所。在朋友引介下，他造訪了一家位於北京市望京的活佛精舍。等待了兩個多小時以後，他見到了這位曾經參加過世界宗教論壇的活佛，「一屋子約50來人依次向活佛跪拜、敬獻

哈達與供養，有10位左右的善男信女當場皈依」。

　　據魏德東介紹，1949年中共建政時，北京城內有大大小小的佛教寺院1500餘座，當時北京人口200萬左右。六十年後的今天，北京現在人口是3000萬，而北京境內的佛教寺院只有二十幾座，城裡的寺院更是屈指可數，多數在文物局、旅遊局和園林局等政府部門手裡。北京現有的寺院根本無法滿足廣大佛教弟子學習與共修的需求。而在合法宗教不能滿足民眾的需求之後，宗教活動只能轉入地下，因此有「朝陽區有三十萬散養仁波切」的戲謔之說。

　　「這是從無到有的階段」，魏德東說，「正教不興，邪說易行。」

「小鮮肉」經濟：
贏了票房，輸掉了影視業

魯韻子

在中國娛樂圈，小鮮肉正在截取越來越多的資本、創作資源和曝光率。為了票房──或者說，為了「人氣」，商業價值，大影業、大預算、大IP、名導演、名編劇、娛記狗仔都聚集在他們身邊，任他們予取予求。

秋天剛到，大陸娛樂圈又沸騰了一把。這次不是誰婚內劈腿或誰借色上位，而是百花獎將最佳男配角獎頒給了李易峰。

李易峰是一位29歲的男明星，業已積攢微博粉絲數量超過3345萬。與另外幾位年齡相仿的男藝人——鹿晗、吳亦凡、楊洋一樣，他是如今大陸最炙手可熱的「小鮮肉」之一。小鮮肉，這是娛樂圈對於這些青春無限、白皙俊美、擁有巨量女粉絲和影響力的新興勢力的統稱。另有外號曰：流量小生。

在內地娛樂圈，這群小鮮肉正在擷取越來越多的資本、創作資源和曝光率。為了票房——或者說，為了「人氣」，商業價值，大影業、大預算、大IP、名導演、名編劇、娛樂記者狗仔都聚集在他們身邊，任他們予取予求。

儘管中國電影市場曾創下多年來票房高速增長的神話，但眼下數據表明，它正日趨停滯。這群毋需演技、毋需劇情、只需拼命刷臉即可喚來萬千票房寵愛的「小鮮肉」，在短暫地拯救市場的同時，也在把它推向更深的深淵。

百花獎宣告「淪陷」

與這些嶄新的稱號相比，對平均年齡僅21歲的新一代中國電影

觀眾來說，「百花獎」這個名銜則顯得陳舊、遙遠，它創辦於1962年，由時任總理周恩來親手督辦。半個世紀後，它仍與金雞獎、華表獎並稱中國電影界三大獎項，並號稱以觀眾的普遍喜好為評獎標準。雖然它日漸喪失公信力和影響力，但把獎頒給一位「流量小生」，還是讓圍觀群眾看傻了眼。

當夜，便有影評人怒罵：「你在逗我。」媒體迅速跟進，揭發刷票、買獎的「黑幕」。評委們發帖聲稱組委會操縱結果，「這個鍋我們不背」。在大陸知名的問答網站「知乎」上，針對「如何看待李易峰獲得百花獎最佳男配」一問，得票最高的答案有1529人贊同：「大陸影壇恥辱的一夜。百花獎信譽破產的一夜。」

一方面，人們在為與李易峰角逐同一獎項的那些演技派高手叫屈。他們包括：18歲就獲得威尼斯電影節影帝、金馬獎影帝的夏雨，曾獲中國話劇金獅獎和金雞獎最佳男配角的張譯，以及上海國際電影節影帝段奕宏。相形之下，李易峰此前從未獲得過任何電影類獎項，甚至連提名都沒有過。至今為止，他出演過4部電影。除了助他獲獎的《老炮兒》一片以外，其餘三片都沒能在大陸的主流電影評論網站上獲得及格分。而在《老炮兒》中，他稚嫩的表演也飽受詬病，被稱為「面癱式演技」。在同儕之中，其他「流量小生」交出的成績單也大致相似。

另一方面，如潮質疑湧向了「小鮮肉」背後的影視資本運作。正如知乎上那個高票答案所言：「以前不過是片爛，宣發好，有明星帶動的粉絲電影就好。劇本、院線、導演演員集體跪舔粉絲。這個至少是大家不敢說出去的事實，現在是名演員給面癱做綠葉，獎項跪舔資方……電影不是因為演得好而賣座，而是因為粉絲量大？」

如今，連一向自詡清高的評獎準則都向「小鮮肉」傾斜了。這曾經是娛樂圈最後一塊沒有被這群征服的領地。就此宣告淪陷。

但這遠不是悲劇的全部。

在李易峰接過獎座和證書時，大陸電影觀眾剛剛送走了9年來最冷的一個暑期檔。自2012年以來，這個全年最熱的檔期首次出現票房負增長。不僅如此。今年至今為止的票房總額僅354億（人民幣，下同）左右，業界人士擔心：照這樣下去，不要說達到預估的600億全年總票房目標，連能不能達到500億都要打個問號。而僅僅一年以前，大陸電影年度總票房還達到了440億，增幅近乎50%。

是的。多年被封為「全球第一大潛力票倉」的中國電影市場已停滯。「8年翻了11倍」的票房高速增長神話在破滅。對其緣由，行業內眾說紛紜。但有一點是人們公認的；那些廣為流傳的新聞標題，已經顯出端倪。——「『鮮肉』難扛票房　口碑普遍低迷」（《東南早報》）、「電影質量傷痕累累　大IP小鮮肉回天乏術」

（《重慶晚報》）、「『小鮮肉電影』為何遇冷　演技差已成觀眾共識」（《北京日報》）、「『IP＋小鮮肉＋導演』國產電影題材嚴重趨同、粗製濫造」（京報網）……

2016年的春天，《老炮兒》的主演──著名導演兼金馬獎影帝馮小剛感慨了一番：「去年我覺得中國電影就是：有沒有白百何、有沒有Angelababy，有沒有那幾個小鮮肉，有的話，行了，開機。全中國一年700部電影都在找那十幾個人……」「你看香港電影怎麼完的？把它推到極致，基本上香港的大佬就是：卡司是誰，導演、劇本我不管，那誰誰誰答應了沒有。到最後香港人自己都不愛看了。」

「小鮮肉」出爐史

自2014年開始，「小鮮肉」們不約而同開始在中國娛樂圈嶄露頭角，華語電影產業也隨之被其撼動。

進攻的號角是由24歲的廣州人吳亦凡吹響的。2014年夏天，他脫離韓國偶像組合EXO回國發展。2015年情人節，由這位毫無表演經驗的新星主演的、著名女導演兼演員徐靜蕾的新作──愛情電影《有一個地方只有我們知道》上映。在海報上，他俊美的半側面位於正中，徐靜蕾和另一位女主角王麗坤叨陪兩邊，頭像比他小了不

少。電影品質不佳，在大陸主流影評網站上評分奇低——在10分制的豆瓣網和時光網上，分別是4.8和5.8分。除此之外，人們對男主角的表現也頗有微詞。在微博上擁有200多萬粉絲的著名影評人「桃桃林林」直言：「吳亦凡演戲真不行，太僵了。」

但這並不影響電影上映3天之後就票房過億，最終獲得了2.8億人民幣總票房的佳績。這大大超出了徐靜蕾的期望——她本來的目標只是2億。吳亦凡迅速被封為「吸票房利器」。在近年來異常紅火、年票房增長速率達35%的大陸電影市場，這個頭銜的分量不言而喻。

很快，李易峰的銀幕主角時刻也來了。

他的履歷，與吳亦凡並無多少相似之處：20歲時，這個成都少年參加內地選秀比賽「加油好男兒」並由此以歌手身份出道，之後發過唱片、演過電視劇，在娛樂圈中浮浮沉沉，一直未能大紅大紫。直到2014年，他27歲，主演了現象級的古裝奇幻電視劇《古劍奇譚》。在劇中，李易峰飾演的主人公相貌俊秀、身世悽慘、沉默高冷、命運悲劇，積累了極高的人氣。在播放期間，《古劍奇譚》一直是平均收視率同時段第一位，市場收視份額排名第一。

自此，李易峰的粉絲群體開始暴漲。自然，這引起了同樣在急速膨脹中的電影產業的注意。2015年7月，李易峰擔綱主演、著

大陸娛樂圈四屆小鮮肉代表

1980 年代

郭凱敏
《廬山戀》

陳寶國
《赤橙黃綠青藍紫》

歐陽奮強
《紅樓夢》

馬曉偉
《海之戀》

1990 年代

李亞鵬
《將愛情進行到底》

李晨
《十七歲不哭》

耿樂
《陽光燦爛的日子》

趙文卓
《青蛇》

2000 年代

陳坤
《金粉世家》

陸毅
《永不瞑目》

劉燁
《藍宇》

鄧超
《集結號》

2010 年代

吳亦凡
《老炮兒》

李易峰
《古劍奇譚》

楊洋
《微微一笑很傾城》

鹿晗
《重返二十歲》

大陸娛樂圈四屆小鮮肉代表（圖：曾立宇／端傳媒）

當今四大小鮮肉小檔案

	吳亦凡	李易峰	楊洋	鹿晗
出生	1990	1987	1991	1990
出道	2012 韓國 EXO組合	2007 中國大陸 綜藝《加油好男兒》	2007 中國大陸 電視劇《紅樓夢》	2012 韓國 EXO組合
2015 福布斯中國名人榜收入（人民幣）	2650萬	6900萬	未上榜	2850萬
微博粉絲（人）	2061萬	3351萬	2614萬	2489萬
粉絲男女比例*	1:7	1:5	1:8	1:8
12-24歲粉絲比例*	61.45%	61.28%	60.37%	68.90%

粉絲人數統計截至2016年10月12日18點
* 據微博「微指數」屬性分析數據（截至2016年10月11日）

當今四大小鮮肉銀幕吸金力

2015全年票房

中國大陸總票房 **440.69億**
★豆瓣評分（滿分10分）

（億人民幣）
20
15
10
5
0.73

《速度與激情7》

★8.3 《重返二十歲》
★7.2 ★8 《老炮兒》
★4.1 《梔子花開2015》
★4.4 《怦然星動》
★5.3 《原罪犯》
★5.4 《左耳》
★5 《有一個地方只有我們知道》
★6.1 《我是路人》

國產片單片平均票房

2016前三季票房

中國大陸總票房 **352.18億****
★豆瓣評分（滿分10分）

30
（億人民幣）
20
10
0.88

《美人魚》

★6.9 《致青春·原來你還在這裡》
★4 《爵跡》
★4.1 《賞》
★5.6 《從你的全世界路過》*
★4.8 《盜墓筆記》

國產片單片平均票房

*2016年9月26日至10月2日
**數據來源：時光網專業版MtimePRO內地2016年前三季票房統計數據

◀當今四大小鮮肉
小檔案
（圖：曾立宇／
端傳媒）
▶當今四大小鮮肉
熒幕吸金力
（圖：曾立宇／
端傳媒）

名主持人何炅跨界導演的電影《梔子花開》上映。此時，吳亦凡的《有一個地方只有我們知道》剛下線4個月。這兩部電影的命運出奇相似：都成本不高、製作時間不長；都是中國時下被認為最「流行」、最容易「以小博大」的青春愛情片；都有一位話題性十足的導演；都是「鮮肉」的銀幕首秀……

更有共同點是，它們都口碑極差——《梔子花開》的豆瓣評分為4.1分，比《有一個地方只有我們知道》還低。前者還獲得了專門「表彰」年度國產爛片的金掃帚獎「最令人失望影片」獎。它們的男主角的演技都遭到了惡評——豆瓣網上針對《梔子花開》獲讚最多的一條短評寫道：「李易峰沒有任何演技，他這樣的演員在大陸紅成這樣，足以見現在市場的畸形程度。」

但同時，它們也都票房極好。《梔子花開》的總票房，最終達到了近3.8億。這是該年上半年國產電影單片平均票房——7400萬左右——的5倍。

「這是最好的年代，也是最壞的年代」——此前，媒體已經無數次用這句狄更斯的名言來形容近年來狂飆猛進卻又欠缺成熟工業體系的中國電影業。2001年，中國的全年總票房僅有8.9億元；於今，這個數字已在這14年內翻了近49倍，增速全球第一。而與之形成鮮明對比的是，中國的實體經濟增速在持續放緩；GDP增速

從2007年14%的高位落到了2017年7%以下的低位。電影業的繁榮作為一個「異數」，越來越牽動著各方的關注。地產界（比如萬達集團）、遊戲界（比如遊族公司）、流行作家（比如郭敬明和韓寒）、名主持人（比如何炅）等各路資本和勢力突入電影業，統統以高收益作為製作目標。入行已三十年，出品過《臥虎藏龍》、《英雄》、《寒戰》的安樂電影公司總裁江志強曾感慨：「現在很多中國觀眾，尤其是很多媒體，都把票房好壞看太重。票房第一不相當於這個電影最牛，不相當於這個導演最好，只是在商業價值裡最好。」可不論被批判多少次，「唯票房論」依然是擋不住的滾滾洪流。甚至官方都以超過北美票房市場、成為全球第一大票倉為指導目標。

於是，在越來越響亮的質疑聲中，顯示出「票房號召力」的李易峰們的星途一路坦蕩。很快，李易峰和吳亦凡便與另外兩位超人氣「鮮肉」——鹿晗、楊洋一起，被封為「四大流量小生」。他們籍貫和家境不同，經歷各異，長相和氣質也千差萬別。他們的共同之處是：出生於1987到1991年之間，年輕俊美，最大資本並非演技或歌喉，而是數以千萬計、為偶像不吝大造聲勢一擲千金的90後粉絲。

鮮肉帝國的臣民們

　　這群粉絲是與中國經濟大發展以及網路普及共生的新一代。像歐美的「千禧一代」一樣，他們也是當今最主要的娛樂消費生力軍。對於其心理特徵，騰訊在《2015娛樂白皮書》中專門列出一章「90後網路娛樂行為調研」；中信證券的研究報告《90後消費新主張之文娛篇》被多家媒體轉載；《GQ智族》雜誌針對鹿晗的90後粉絲群體做過詳盡調研……眾說紛紜之中，有幾項特徵是公認的——

1. 這是數量巨大的一代，總數達到了1.9億以上。

2. 這是「不娛樂毋寧死」的一代，絕大多數是獨生子女，經濟條件相對充裕又面臨社會轉型期，習慣於「無樂不活」，以至於中國電影觀眾如今的平均年齡只有20歲左右（而法國電影觀眾平均年齡近40歲）。

3. 這是重度依賴社交媒體的一代，他們正處於價值觀「自我認知」與「群體認同」的關鍵時期，「迫切需要自信、安全感，和愛的關係」，勇於表達自我、尋找群體認同。

4. 這是追求「顏值」的一代，會為最單純的聲色所吸引。

5. 這是樂於消費男色的一代，根據騰訊《白皮書》，90後女性在娛樂方面的消費慾望遠高於男性。

6. 最富於中國特色的是，這是尤其講究「正能量」、愛國的一代。與抗日神劇相比，文革、六四都顯得離他們很遙遠。由《人民日報》報社主管、有民族主義性質的國際新聞類報紙《環球時報》寫道：「90後成長的時代，正值中國崛起。因此，90後的成長中沒有自卑、苦難和恥辱的記憶，自然丟開了近代歷史的包袱，……充滿了對中國經濟和國家地位的自豪感……」

「流量小生」們的爆紅，與這樣的一代的特徵息息相關。他們與粉絲的需求契合得嚴絲合縫。李易峰甚至是「共青團中央認證過的中國好偶像」；再Google一下「鹿晗 愛國」，搜索結果有81萬條；換成「吳亦凡 愛國」；則有近66萬條。

從2015到2016年，影視資源急速向「鮮肉們」聚集而去。李易峰和吳亦凡一起成為馮小剛電影《老炮兒》的主演。之後，吳亦凡主演了話題性作家兼導演郭敬明的《爵跡》（號稱投資超過2億人民幣，主演還包括一線明星范冰冰和楊冪等）。他還出現在周星馳導演的電影《美人魚》（該片曾創下中國大陸票房紀錄），以及周星馳監製、徐克執導的《西遊伏妖篇》中。接著，他被法國名導呂克‧貝鬆（台譯：盧貝松）欽點出演電影《星際特工》，即將與好萊塢明星範‧迪塞爾（台譯：馮‧迪索）一起主演大片《極限特工3：

終極迴歸》。當然，絕大多數不是粉絲的觀眾，恐怕至今還沒記住他演的任何一個角色。

　　吳亦凡同歲並曾同屬EXO團體的鹿晗，已經第3次創下「微博上最多評論的博文」的吉尼斯（台譯：金氏）世界紀錄。他主演的《盜墓筆記》雖然在豆瓣網上只得了4.8分，卻在剛剛過去的夏天創下了超過10億人民幣的票房。他參加大熱真人秀節目《奔跑吧兄弟》的酬勞在4000萬左右，位列所有明星嘉賓之首，超過了比他早12年出道的上海國際電影節影帝鄧超。然後，他獲邀主演了中國現今政治地位最高的導演——張藝謀的新作《長城》。而張藝謀之前鍾愛的主角們是鞏俐、章子怡、陳道明和姜文等實力派。

　　誠然，在好萊塢，青春美貌的當紅炸子雞們也一樣吃香，但他們不會戰勝凱文‧史派西、克里斯蒂安‧貝爾獲得金球獎或美國演員工會獎。在成熟的行業體質下，他們更加無法使整個產業的資源和規則向他們傾斜。輿論甚至懷疑，當「流量小生」們明顯欠缺演技或者唱功時，片方甚至為他們量身定做了「冷面扮酷，不帶表情、笑容很少」的偶像型角色——否則，如何解釋李易峰在2016年熱播的電視劇《麻雀》中又飾演了一位冷面、神秘的軍官，接著在電影《心理罪》中飾演「沉默寡言」的推理天才？又如何解釋同屬「四大流量小生」之一的楊洋在最近的代表作——電視劇《微微一

笑很傾城》中也扮演了一個幾乎「沒有情緒波動」、人生近乎「完美」的校園天才？

對此，《北京晚報》發出了評論〈楊洋憑顏值撐起「微微」「流量小生」沒演技才能紅？〉。作者尖銳地寫道：「再沒有什麼比一個人自覺擁有『神光環』時的狀態更適合演偶像劇了，……《微微》原作者兼編劇顧漫的成名作《何以笙簫默》翻拍成劇時，男主角鍾漢良曾表示很糾結，因為需要不斷說服自己相信這樣的完美男神是合理的。而另一位偶像劇男主角劉愷威曾表示完全不信，戲裡的事沒有一件曾發生在自己的生活中。這類問題，困擾年過30歲的傳統偶像明星，可到90後的『流量小生』這裡根本不成為問題，恐怕都未曾考慮過，編劇全方位、無死角抛光鍍金設定的角色形象既是他們的表演狀態，也成為了他們的日常狀態，更符合他們對生活的認識。」

在這樣的現狀下，實力和資歷等曾經至關緊要的指標，正在急速減輕重量。24歲就獲得金雞獎及「五個一」工程獎的編劇張挺，在近年推出了新劇《孔子春秋》，豆瓣網上評分高達8.1，卻沒有一家國內電視台出資購買。張挺只能感慨：「現在誰還在意編劇做得怎麼樣？『小鮮肉』太了不起了，只要請他們來演，什麼電視台都買；沒有他們，編劇寫得再好也沒戲。」

這只是業界對於「流量小生」們的複雜情緒的註腳之一。與上幾輩的巨星——比如周杰倫，比如更早的成龍——不同，他們沒有以一己之力復興一個產業。相反，業界多數認為：他們的紅火正在反噬曾高歌猛進的中國電影業。

　　2016年6月，李易峰酒駕造成車禍，並且被指出逃逸。隨後吳亦凡被曝出與粉絲發生性關係。然而，這一切沒有影響他們的人氣。7月，李易峰主演的電視劇《青雲志》依然熱播；吳亦凡主演的電影《致青春·原來你還在這裡》上映，評分依然極低，票房依然達到了3.36億。到了9月，吳亦凡又擔任第三屆絲綢之路國際電影節青年大使。

　　這謎一樣的情形，會隨著「小鮮肉」們老去嗎？

廣場舞市場估值千億，
明星老師説：感謝這個時代

▌吳婧

2016年10月19日是廣場舞老師美久的人生巔峰。在北京奧運場館水立方舉辦的「國舞風雲榜頒獎盛典」上，她和著名歌手李玲玉、薩頂頂一同坐在評委席上。

「不是她們降低了，而是我拔高了，」美久那天穿了一條滾著金線的雪青色連衣裙，長髮垂肩、妝容姣好。台上跳舞的大姐們哭了，她也跟著哭。

美久一直記著別人寫她的一首打油詩──「兩耳不聞窗外事，一心只跳傷不起」（註：《傷不起》是一首網路口水歌）。寫詩的人對她說：「廣場舞不是芭蕾，你不可能走上大雅之堂。」

「這是我揚眉吐氣的一天，」看著水立方的藍色穹頂，美久覺得，廣場舞的時代到來了。

廣場舞涉及一億人、千億市場

「國舞風雲榜」的宣傳定位是「廣場舞界的奧斯卡」，由國內幾家知名藥企聯合主辦，投入數千萬，參賽人數近五萬。在歷時四個月的全國選拔中，官媒新華網和中國最大的視頻媒體優酷土豆對此進行了持續報導。

2016年，類似規模的廣場舞大賽在中國各地勃興。2015年發布

的《中國廣場舞行業研究報告》估算，中國跳廣場舞的人數接近一億，大多數是生於五、六十年代的退休女性。她們掌握著家中的財政大權，覆蓋養生、理財、旅遊、採購等各項消費，由此形成一個估值千億人民幣的市場。

於是，以廣場舞為入口，各路商家都想從這龐大市場中分一杯羹。《報告》指出，在淘寶上與廣場舞相關的三類商品——音響、看戲機（註：大屏幕的MP4，以中老年人為主要消費群體）、服裝的月銷售額超過2500萬元人民幣，保守估計，線下銷售額至少為線上的10倍。

更多企業看中了廣場舞作為渠道的價值。從2013年起，中信銀行已連續舉辦三屆全國性的廣場舞大賽，以推廣旗下主打中老年市場的「幸福年華卡」。據體育營銷諮詢平台「禹唐體育」報導，每屆比賽都能為中信銀行帶來超過十萬張的開卡數。

被業內稱為「廣場舞創業元年」的2015年，更孵化出一批提供廣場舞視頻的APP和微信公眾號，他們的商業模式是：通過視頻平台聚合人群，再引流到廣場舞服裝、理財養生產品等的銷售上。

以流量最大的「糖豆廣場舞」為例，從2015年上線至今，每日的活躍用戶已達到250萬人次。2016年9月，糖豆廣場舞宣布完成1500萬美元的B輪融資。

這些平台維持用戶黏度的法寶之一就是明星老師。糖豆廣場舞簽約了100多位廣場舞老師，每個老師都擁有忠誠、龐大的粉絲群體。據「i黑馬網」報導，一個明星老師開的淘寶服裝店每週銷售數額超過七萬元，其中七成購買者是直接搜索老師的名字進入店鋪完成購買的。

　　美久，就是明星老師中的佼佼者。在廣場舞的世界，有25個圍繞她建立的QQ群，微信群則超過100個（一個普通QQ群和微信群的人數上限都是500）。有資格進入這些群的，都是各地廣場舞的領隊，「粉絲我肯定有幾千萬，跳廣場舞的大媽一億多，一半兒都得認識我。」

　　她拍攝舞蹈視頻，賣給各大平台。「一般老師都是三四百（一個視頻），我這個級別得幾千。」她還代言化妝品、在廣場舞比賽中擔任評委並出席各類商家的推廣活動。一場活動的出場費是五位數。有藥企請她編排推廣一個美臀操，她形容收費「非常非常貴，不止五位數了。」

　　被美久選中作為廣場舞背景音樂的曲目，往往也會火。「美久就是歌手的推手，這個行業都知道這句話，我跳哪個歌哪個歌就火。」她頗為得意地說。美久說，自己合作的歌手有60多個，請她編一支舞的價格是3000元。

十年前剛開始跳廣場舞時，美久和她的朋友們都沒有想到，廣場舞可以帶來今天的名利雙收。

「國家看重這一億大媽，她不跳舞去鬧事兒怎麼辦？」

　　美久本名周曄宏，河南省漯河市人，生於1970年，大學畢業後進入工商銀行漯河分行工作。2006年開始，還沒到四十歲的美久，下了班就和同事們在銀行門口的廣場上跳舞。第一天來了二十多人，第二天五、六十人，不久就聚集了幾百人。美久負責編舞和領舞。

　　用美久的話說，自己是「一曲成名，沒有消沉期」。2010年，美久想要把跳舞的影像拍下來留給女兒──「回憶媽媽曾經有過的美麗」。儘管那時女兒並不理解她對廣場舞的熱愛。

　　「她覺得我跳得可low，不屑於跟人家說，」2011年，美久參加湖南衛視春節聯歡晚會，給歌手龔琳娜伴舞。美久心裡美滋滋的，女兒卻不屑一顧。美久有張和舞伴的合照，照片裡的女人們手掐著腰，精心打扮了一番。彼時在讀初中的女兒瞥了一眼，說：「一群老娘們兒！」

　　但美久就是喜歡。她和六個夥伴每人花130元買了一套舞蹈服。

在那家名叫「紅舞鞋」的服裝店裡，七個人穿上暗紅色的緊身上衣和黑色燈籠褲站在鏡子前，都忍不住說道：「哎呀哎呀，漂亮漂亮！」拍攝當天，她們還去當地影樓每人花30元錢做了頭髮、化了妝。

她們的第一支舞是音樂組合「鳳凰傳奇」的《荷塘月色》，找了一個婚慶公司來拍。在漯河市區馬路邊的一小塊空地上，不時有行人走進鏡頭，有人挑錯拍、記錯動作，但站在最中間的美久一直保持笑容。在後來的每一支視頻、每一次比賽或節目中，美久都帶著同樣的笑容。

美久把視頻傳到土豆網上，視頻點擊量蹭蹭地上漲。

「哇！五萬！嚇死人了！」彼時廣場舞剛剛開始在各大視頻網站嶄露頭角，美久的視頻既接地氣又自成一派：跳舞的人都是普通中年女性、場地就在馬路邊或廣場上、服裝統一、動作簡單易學、節奏感強，很快就火起來。美久記得當時在百度上搜廣場舞，第二條就是她們跳的《美了美了》。

有很多同齡人在QQ上找到美久。她建了一個群，很快滿了，當天又連開了兩個。有河北省邯鄲市的粉絲專程來漯河來找美久，「我才知道其實我是非常有影響力的。」

她們緊接著拍了第二期視頻，散開頭髮，穿上豹紋上衣，「圈定我們的時尚定位。」

美久開始以廣場舞老師的身份頻頻亮相各大綜藝節目。2012年，她帶著姐妹們參加了浙江衛視的《中國夢想秀》。「從那以後有很多企業找我，」美久決定要多找媒體曝光，從各個渠道鍍金，把自己的名字打造成一個響亮的品牌。她有一個更宏偉的目標，要引領廣場舞走向大舞台。

　　美久覺得自己趕上了好時候：「國家看重的是這一億大媽，你說她不跳舞去鬧事兒怎麼辦？廣場舞參與的人越多，對社會穩定非常好。」

　　在廣場舞及其市場繁榮的背後，的確有一股推力來自國家。

　　在2005年發布的《全國文明城市數據指標細則》中，要求「業餘群眾文體活動團隊數量每街道不少於15支；區級大型廣場文化活動次數每年不少於8次」。這些指標上的壓力促使各地政府將剛剛興起的「廣場舞」劃定為適合推廣的體育文化活動。

　　2008年，黑龍江省佳木斯市的市民自編了一套廣場舞，這套舞蹈在2010年由黑龍江省體育局向全省進行推廣，並在2012年被國家體育局推向全國。

　　廣場舞不可遏止地蓬勃起來。《報告》指出，2012年廣場舞的百度指數（註：指「廣場舞」作為關鍵詞在過去30天內的網路曝光率及用戶關注度）達到最高峰，此後長盛不衰，「廣場舞逐漸發展成為群眾運動中不

可忽視的一股力量。」

　　2015年，廣場舞登陸中央電視台春節聯歡晚會，此次開始在各大電視台亮相。同年3月，國家體育總局和文化部發布了12套廣場舞健康操示範動作。8月，文化部、體育總局等部門聯合發布《關於引導廣場舞活動健康開展的通知》，將廣場舞納入基層社會治理體系，要求各級政府積極引導和推動廣場舞發展，以促進基層社會和諧穩定為根本，堅持弘揚社會主義核心價值觀。

　　「廣場舞火起來，和國家的『和諧、大健康』相匹配，」美久說。據懶熊體育報導，美久原創教學視頻累計點擊量超過十億，百度指數日平均過9000。

　　「我現在只有一顆感恩的心。感謝大家，感謝這個時代，感謝廣場舞。」

「我就是我們時尚的引領者」

　　美久對「廣場」有很多回憶。

　　從五歲起，她就在如今被稱為「雙匯廣場」的南廣場練習武術、劈叉下腰。那是漯河市唯一的廣場，入了夏，很多人會到廣場上乘涼。

廣場舞老師美久。（攝：朱玲玉／端傳媒）

美久從小學時開始跳舞，「非常像現在的廣場舞」。她對其中
一支舞印象很深。她和女同學們穿著黑白豎條紋的背帶褲、白襯衫上
繫著紅領巾，扛著一把掃帚走上舞台：「哨兒響，集合忙，拿起掃帚
扛肩上……不怕苦、不怕髒，叔叔見我拍手笑，小小雷鋒在成長。」

「我們小時候灌輸的偶像都是劉胡蘭、雷鋒。小時候都是一本
正經的，到初中以後才會有《年輕的朋友來相會》這種流行歌。」

美久的童年始於如火如荼的「文化大革命」，終結於文革結束
後、思想開始解凍的八十年代。她記得從初中開始，南廣場上開始
有人跳交誼舞，舞曲是鄧麗君的《甜蜜蜜》，後來還有《路燈下的
小女孩》。

美久有過一個偶像——台灣歌手王傑。那是她讀大一的那年，
鄭州的街頭都在播放王傑的《一場遊戲一場夢》。「他的聲音好
像經歷了很多人間的滄桑，很空悲的感覺，不像那種可高亢的歌
曲。」美久買了一盤王傑的磁帶。她記得磁帶封皮上，王傑坐在一
間舊屋子的燈泡下，穿著牛仔服，很瘦、很另類。

這和美久熟悉和嚮往的美很不一樣。

她從小就是自信、高亢的，關於人生中的風光時刻，總有說不
完的故事：家境殷實，父親是一名軍官，在小學開始就是大隊長，
「全校集合，我在那拿著口哨、喊著隊，非常享受那種領導（的

感覺）。」

　　美久從小愛打扮，但那時「衣服不敢穿得太鮮艷」。讀初中時，哥哥在外地給美久買了一件橘紅色的羽絨服。那時學校裡還沒有人敢穿這麼鮮艷的顏色，美久的著裝「引起軒然大波」，甚至有很多同學專門跑到教室來看她。當天下午，美久只得換回了一件咖啡色的外套。

　　多年以後，彷彿一種償還，美久總是想把最鮮艷的顏色穿在身上，尤其在跳舞的時候。儘管女兒常常嫌棄她「沒眼光」。「我永遠是光芒四射的，我非常喜愛舞台，所以才會去跳廣場舞，它也是舞台啊，」美久說。

　　美久走紅之後，淘寶上出現了大量「美久同款」，粉絲們會把美久穿過的衣服挖出來，買一模一樣的來穿。「我就是我們時尚的引領者，」美久又說。

「我們都不想被社會邊緣化」

　　美久常常會收到粉絲的微信，求助如何教育孩子、孩子高考志願怎麼填、夫妻吵架怎麼辦……曾有一個失獨母親常常給美久留言：她的女兒在外地工作時被害死，三年過去了，這位母親還未走

出傷痛。儘管不會跳舞，她每天都在網上看美久的視頻。也有來自農村的粉絲向美久訴苦：村裡人看不慣她跳廣場舞，罵她放蕩、神經病。

美久會把這些對話收錄在她微信公號一個叫「美久粉絲問答」的欄目中。她還會寫一些心靈雞湯，「給大家一些正能量。」

「跳廣場舞並不是鍛煉身體吸引人，而是這個氛圍，」美久說，「她相當於又重新『上崗』了，重新回到組織。」

美久常常跟粉絲宣傳自己上節目的消息，「對粉絲來說這是一個新的信息，她可以回去跟親人說，我們老師要上電視了。這是她炫耀的資本，她至少有一個話題可以聊。」

與年輕人相比，中老年人並不熟悉互聯網。退休後，他們有強烈的社交慾望，卻只有極其有限的社交途徑。廣場舞成為他們再次融入社會的渠道。

美久廣場舞團有個60多歲的音響師，退休後幾乎和外界斷了聯繫。美久讓他買了一隻智能手機，幫他註冊了微信，當天充了100多元的話費，到夜裡就用完了。他就像變了一個人一樣，在微信群裡非常活躍，分享美久的視頻、學做音樂相冊，還迷上了一款K歌的軟件、天天把自己K的歌分享出來。

「我們都不想被社會邊緣化，」美久常常和舞團的夥伴說，

「咱們一群大媽，晚上吃完飯，嘴一抹，來廣場跳舞，現在都跳到中央電視台了，你說多好！我們只有感恩、感謝，編好舞、跳好舞，一直保持這種初衷。」

美久的粉絲是質樸的。她們給美久烙油餅，送自製的香腸、親手納的鞋墊。

有時美久也會感覺到一絲成名後的煩惱。「我要保持威嚴。在廣場舞上我越來越高，越來越和大家無話可說。現在也沒有人會拍拍我的肩、和我開玩笑、摟著我的脖子了。」

但更多時候，她心裡滿漲著對未來的期待。她要有更多的代言，把美久這個品牌產業化，賣自己的產品，而不是幫別人賣東西。她還要繼續編舞、做評委，「因為廣場舞我才變成了人生贏家，」美久始終記得。

橫店故事：
一年消滅十億鬼子的村莊

｜ 魯韻子

《共赴國難》劇組在橫店影視城一處以革命戰爭作背景的山頭拍攝日軍被國軍攻打的戲份。
（攝：林亦非／端傳媒）

手撕鬼子、時空穿越、石頭砸飛機、裸女受酷刑⋯⋯這一年來，不少離奇、暴力、血腥、色情的電視劇情節充斥在中國螢屏上，它們的故事都發生在一個共同的時間背景，1937-1945年的中國，抗日戰爭時期。

　　這類劇情太多，以至於觀眾給它們一個戲稱：「抗日神劇」。連《人民日報》也看不過去，批評「血肉之軀鑄就的抗戰精神」在「神劇」中已「被空洞化和遊戲化」，變作掩護暴力刺激的一張虎皮。

　　神劇雷人歸雷人，官媒批評歸批評，但是在抗戰七十周年的大背景下，「抗日神劇」似乎仍然不乏其市場。

　　「只要是電視台故事發生在1900年以後、1945年以前的，電視台都會要求往裡加抗日劇情，他們覺得這樣好賣。」八零後的青年編劇李沅告訴我，他最近撰寫的一部民國商戰劇就被要求將背景後調20年，以便接上抗日戰爭，而其中的反派也要改為日本人。「抗日現在已不僅是一種題材，而是一種類型，可以與其他影視類型自由嫁接。」

　　雷人的抗日神劇是怎樣炮製出來的？我決定頂著網友「炮火」，到「抗戰最前線」──浙江橫店影視拍攝基地親身體驗。

2014年橫店拍了3000部抗日劇

5個小時之前，我還在一個典型的中國式小城車站——人來車往，黑車司機堵在出口拉拽顧客，刺耳的廣播提醒著下一班長途汽車的目的地和「行李要通過安檢」。人們一手拎著紅白藍編織袋一手舉著吃食，大聲談論著炎熱的天氣。一切都是那麼喧囂、鮮活而真實。

但現在，我已身處中國歷史上最殘酷的戰場之一。

空氣中硝煙瀰漫，地上的草幾乎全部枯萎了，那是多支「部隊」反復踩踏的結果。填充著糠皮的「沙包」散亂一地，一道道鐵絲網橫七豎八地向遠處延伸。大約30米開外，十幾名「日軍」正緊張地貓在戰壕裡，一起對著空無一物的前方掃射。一連串「砰砰」聲迴盪在這小小的山谷中。突然「轟」的一聲巨響，他們身後的一隻「火彈」毫無預警地爆炸了，火光沖天，熱浪撲面而來。我忍不住伸手護住臉尖叫了一聲。

等我回過神來，不禁深感不好意思——只見我的兩位嚮導端坐在原地，面無表情，顯然對這樣危險性相當大的激烈「戰況」早就見慣不驚。

他們是22歲的姜濤和42歲的邢文傑，都是常駐橫店鎮的男演

員。邢長得高大威嚴，穿著一整套上世紀40年代制式的國民黨軍官制服，手握木頭仿造的「衝鋒槍」正在候場。接下來，毫無懸念地，他帶領的「國軍」將成功反擊，其中由偶像派演員飾演的主角日後會投靠共產黨；而我眼前這隊「鬼子」將被血腥地殲滅，一如他們的戰友在中國電視劇中一貫的結局。

現在是2015年的5月。對於生活在橫店的人們來說，這一切早已成了日常。由於一直有大量抗日題材影視劇在此取景，早在3年前，這個中國最大的影視拍攝基地就被戲稱為當代「最重要的抗日根據地」，號稱「一年消滅近十億鬼子」。

2014年，中國國家廣電總局要求國內各地方衛視「加強播放愛國和反法西斯題材劇」，推進宣傳「中國人民抗日戰爭暨世界反法西斯戰爭勝利70周年」。這將抗日劇的攝製推向了前所未有的高峰：橫店這一年接待的178個影視劇組中，一半以上拍攝的都是抗日題材。按每部中國電視劇的平均集數約為37.3估算，在2014年，光是橫店就出產了3000餘集抗日電視劇。與此同時，美國電視劇的年度總產量僅是5000集左右，其中戰爭題材不到10%。

抗日劇一家獨大，也使橫店的群眾演員發生了結構性的變化。據說，數年前古裝劇盛行時，這個著名群體的男女比例曾一度達到1比7，宮女、侍女、俠女隨處可見。而現在，根據橫店影視娛樂有

限公司一位工作人員估算，在橫店演員工會註冊的約三萬名群眾演員中，男性佔到了70%以上。他告訴我：「女的在這往往待不了幾個月，找不到工作。抗日劇就是要很多男的去演『兵』，即使有點女角色，除了主演級別的女八路、女軍官之外，大多都是村姑、妓女和被日軍糟蹋的花姑娘。」

而隨著抗日劇同質化競爭的加劇，各類刺激感官的噱頭也越來越常見，情色情節尤其能吸引觀眾關注。上述工作人員就認識橫店的一支「花姑娘」專業戶隊伍，也清楚她們的「價碼」：一般情況出演一天100塊錢，被「鬼子」扯上衣500，被扯褲子600-800，全裸受辱則要1000元以上──「不全裸拍出來會穿幫，她們也早就麻木了」。

對懷揣明星夢來到橫店的小夥子來說，機會一下子多起來。

老家在黑龍江齊齊哈爾的姜濤來橫店已經3年，此生扮演的第一個角色就是某個日本特務的跟班。在這裡，他出演的影視劇九成以上是抗日題材，日薪也從最初的不到40元漲到了數百元。八路軍、「國軍」、狗腿子／漢奸、土匪、農民和「鬼子」，是他總結出的六大「工種」。不論是冷峻地點頭施禮、喊一句清脆標準的「はい」（是），還是一臉諂媚地搓著雙手討好：「太君，要不要斃了這個八路」，都是他引以為傲的基本功。當然，只要可以選擇，他還是

會演八路,「被家人看見我演鬼子總不太好吧。」

　　最令姜濤興奮的,還是在抗日劇拍攝現場接觸各種著名演員。比如演刑警成名的李成儒,以TVB古裝戲著稱的港星葉璇,以及因演繹社會問題劇《蝸居》中的貪官而「大器晚成」的張嘉譯。因收到嚴格的播出限制,現在中國古裝劇和刑偵劇的產量已下降不少,社會問題劇更是幾乎絕跡。因生計所迫,曾散落在不同劇種中的中國明星,在近幾年都不約而同地轉向出演「抗日英雄」。

　　看完了《希望使命》今天的最後一場戲——剿滅「鬼子」後,將士們在夕陽下祭奠死難的戰友;英俊白皙的主演們軍服儼然、毫無損傷,似乎剛剛那場大戰不過是一碟小菜——我對自己明天會在另一部抗日劇片場親身當群眾演員的體驗充滿了期待。

抗日神劇創作法門

　　到了翌日上午10點,我早已被身上的化纖旗袍勒得不敢出氣,還得忍受其散發出有些年頭的汗味;腳下的高跟鞋中,鞋墊早已磨破,積著厚厚的污垢;頭髮則被辮成一大坨髻,頭皮扯得生痛。

　　在接下來的兩個小時中,我盡職地扮演著一位路過的民國女士,在騎著黑馬、英姿颯爽的男主角背後走來走去,在「城門」口

佯裝驚恐、被粗魯的國民黨士兵搜身，如此反復。

在發展已逾20年的橫店，想要當一次群眾演員並不那麼容易。你需要在演員工會、位於興盛路10號的彩印館和東陽市派出所之間往返幾趟，湊齊各種證明和印章，用以申請代表演出資格的演員證。此後，男性群眾演員還要接受半天到一天的軍訓，學習站軍姿、敬禮和列隊等參演抗日劇最基本的「技能」，才能開始演出工作。為了省下繁瑣的手續，我四處請託，才得以混進今天的群演隊伍。

但是那些傳說中的抗日神劇式大場面——英雄們徒手撕開「鬼子」、用石頭打下飛機、騎著哈雷摩托行軍——都沒有出現。今天，這部名為《最後的戰士》的抗日劇只拍了一些不太重要的文戲：上世紀40年代，一小股國民黨軍隊出現在湖南西部的少數民族自治州縣城，以搜查日軍為名肆意妄為；但很快，他們也要被送上殘酷的戰場。

劇本設定的「湘西小城」，與無數同類影視劇中出現過的舊上海／天津／北京的市貌無甚區別，甚至連街邊看板上的地址都寫著「上海飯店」。群演們穿著陳舊的、污跡甚至血跡斑斑的旗袍、長衫和軍裝，忍著笑走位、攀談。誰也說不清自己演繹的是什麼時候、哪裡的故事，甚至看不出出征的到底是「國軍」還是「八路」。畢竟，其區別只在於軍帽上有沒有一個國民黨黨徽的貼紙而已。

對製作方而言，相比起把時間和精力花在雕琢細節上，還不如更小心地努力規避審查風險。廣電總局曾發布《2009年中國電視劇播出和製作業調查主要資料和結論》，電視台在購買電視劇時，最看重的是「思想價值導向」，其次是「題材」，「製作水準」在重要性中僅名列第5位。

在「城門」前，我一次又一次地被幾位毛手毛腳的男演員推來搡去、檢查著空無一物的手包；同時，幾位沒繫皮帶、歪戴軍帽還敞著前襟的「國民黨軍官」在一旁端著槍，槍口直衝著我。他們咆哮著：「都他媽地給我打起精神來，要是搜出了一個東洋小鬼子，我請兄弟們喝酒！」

與共產黨軍隊的英勇無私相比，這些當年的中國正規軍在螢幕上雖然也「抗日」，卻往往看重私利甚於民族大義，製造的麻煩總比功績多得多。在劇情裡，與其軍紀一樣令人不悅的，是他們的質素和儀容。

這樣有跡可循的「簡化」處理，並非只針對國軍。對電視劇編劇來說，這場戰爭中的每一方都有塑造範式可供借鑒。一位畢業於北京電影學院的八零後編劇告訴我，最重要的便是「第一堅持中共領導，第二凸顯中日矛盾和民族仇恨」。不遵照規範，那劇本便很難通過審查。

再次被「國軍」勒令打開手包時，我不禁默誦起那些撰寫過「抗日神劇」的年輕編劇們對我總結的創作法門：

……共產黨領導的八路軍／新四軍總是深明大義、高瞻遠矚，對三心二意的盟友國民黨軍隊一片赤誠，為了抗日放下兩黨之間的一切爭端……

……國民黨卻總是借抗日之名，打著「剿共」的小算盤，立場並不可靠，最後還會被共軍教化投誠……

……日軍就是兇殘狡猾，殺人不眨眼的魔鬼；反思戰爭和思鄉戀家的「鬼子」是絕對禁忌……

……深受「鬼子」蹂躪之苦的中國平民，總逃不過全家甚至全村被屠殺的血海深仇，在仇日的道路上受到了共產黨凜然大義的感召，從此一門心思「跟黨走」……

一樣的城樓，一樣的街道和廣告，一樣的服裝和群演；差不多的故事，差不多的人物，差不多的情節走向和結局……在各種新奇誇張的「奇葩」情節掩映下，大多數集中在橫店的抗日劇其實都「差不多」。正面體現國軍抗日的《我的團長我的團》，詳解國共合作細節的《亮劍》和表現日軍反戰情緒的電影《南京南京》，均被業界人士稱為「孤例」。

沒有「反戰」，只有「反日」

　　在2008年以前，這種強烈的規律性並沒有如此明顯，那時，每一年的國產電視劇中，抗日劇的產量比例也僅佔5%以下。但在中國舉辦完彰顯其「大國實力」的北京奧運會後，抗日劇的比例一下躍升到13%以上，甚至一度達到近20%。

　　如此大的產量，使橫店迅速形成了抗日影視「產業一條龍服務」。在這個中國東南小鎮，不僅有戰場、民國街道、櫻花街和城樓，還有1400多條上了子彈便可傷人的各式真槍，可在當地派出所監管下供劇組租借。在距橫店35公里的著名輕工業城市義烏，多個服裝加工廠全年無休地趕製著各式軍服。結果是，在歐美一向被認為造價昂貴的戰爭場面，在橫店卻被形容為「方便」又「便宜」。

　　另人驚異的是，經過多年的「疲勞轟炸」，中國觀眾依然對觀看「殺鬼子」樂此不疲。在「抗日神劇」的高峰期，據中國媒體統計，「因『手撕鬼子』情節廣受爭議的《抗日奇俠》卻在多地成為收視冠軍，第二輪播出一集200萬，利潤翻倍；熱門抗戰劇利潤率普遍達到200%」。

　　此後，抗日劇的熱潮略有下滑，但在2014年，收視率排名前十的電視劇中依然有3部——《紅高粱》、《勇敢的心》和《戰神》

《共赴國難》演員等待拍攝日軍慘敗的戲份。（攝：林亦非／端傳媒）

——涉及大量抗日情節。在巨大的利潤誘惑下，連中國最著名的「土豪」群體——山西的煤老闆們，也轉行投資起了抗日劇。

在2015年引發了廣泛熱議的，是一部名為《南京東》的抗日神劇，其中一張劇照在網路上引起極大爭議：衣冠楚楚的日軍軍官盤坐在圍棋棋盤前，手中握著一把長刀；身材姣好的女子全身赤裸，呈「十」字趴在軍官身旁，任由他在自己的身體上刻下累累血痕。

我在橫店找到了該片的製作人王鷹。王鷹堅持：「我們這個電影是反戰的，宣導和平的！」他一邊倒上清茶，一邊解釋起了電影的情節：上世紀初，一位日本的圍棋愛好者因仰慕中國棋藝來到南京學棋；他為一位圍棋世家小姐所傾倒，兩人結婚並回到日本；後來中日戰爭爆發，愛棋青年作為侵略者再次來到中國，在南京大屠殺中變得毫無人性；中國妻子聞訊趕回南京，卻因阻止日軍施暴而被毀容並割去舌頭。機緣巧合之下，她被帶到丈夫面前，對方卻早已認不出她來……

說著說著，王鷹的眼睛越來越亮，語速也越來越快：「手下的人都叫他殺了這女的，他說不，『我要用她來做人肉棋盤，參透我一直沒有解開的中國棋局！』於是就把女的脫光了放在地上，他在她身上用刀刻棋盤和棋子……這才是劇照中的情節！」

故事的結局相當震撼：瀕死的女主角用最後一口氣舉起手，在

背上指出破局之子的位置。鬼使神差地，男人突然領悟到自己摧殘的正是自己的愛人。然而一切已來不及，中國女子已嚥下最後一口氣，「鬼子」只能承受自己造下的苦果。「這就是惡有惡報！」王鷹有力地總結道。

王鷹堅稱，主創們已採訪過多位親歷過南京大屠殺的中國老兵和平民，在細節方面絕對有據可憑。他隨即向我放送了一段片花：在「南京」的街巷中，中國百姓的屍體橫七豎八倒了一地；一個小女孩滿眼仇恨地緊盯著鏡頭；兇殘的「鬼子」持刀撲來，女孩倒下，「鬼子」大笑，「血」染紅了整個畫面⋯⋯

《南京東》的主創們當然沒有赴日採訪，也沒參考日本方面的資料。在王鷹看來，這毫無必要──「我們是受害者啊，聽他們的幹嘛？」所謂「宣導和平」，在他看來主要是凸顯中國人民承受的苦難，「尤其是戰爭的殘酷和血腥」，他強調。

王鷹的創作思路並非孤例。在我接觸的抗日劇編劇和導演中，這樣的思路屢見不鮮。作為二十世紀最大的人類災難，二戰一直是全球範圍內最受鍾愛的敘事題材之一。但像中國一樣，幾十年如一日地熱衷於單向度觀看這場巨禍、沉浸於「受害者」的身份與「復仇」的情結中，幾乎絕無僅有。沒有「反戰」，只有「反日」。

這在許多外人看來並不是那麼容易理解。在中國生活了十八

年、常常飾演高級日軍軍官的日本演員三浦研一在橫店就常常疑惑：為什麼那麼多抗戰劇都要求他在「戰敗」後表演悔罪、切腹或飲彈自盡，為什麼他們從來不允許這樣暴力的劇情以含蓄的一聲槍響、一抹血跡體現，而一定要拍得直接、「有衝擊力」、血肉模糊？

　　神劇的故事還將延續下去，但我在橫店的生活已經結束於此。

　　在汽車站，我遇上了兩位也準備離開橫店的姑娘。做了三個多月的群眾演員後，她們發現工作實在太少，不足以維持生計，只得黯然離去。其中一位一邊擦著眼淚一邊問：「為啥就不能多拍點別的戲啊？抗日劇有那麼好看嗎？」顯然，她沒指望從同伴那裡得到答案。

* 李奕儒對本文亦有貢獻。

限韓令下的中國粉絲：
國家與歐巴，你愛國還是他？

▍吳婧

2016年11月，網路曝光了（中國）廣電總局發給各大衛視的內部通知：韓劇、南韓電影、韓星參演的影視綜藝及根據南韓影視改編的作品均不得播出。限韓令全面升級。

「我緊張得尿急，」2016年12月2日晚，北京一所大學宿舍裡，20歲的張皓月正抱著筆記本電腦看直播。今晚是「Mnet亞洲音樂大獎」頒獎典禮，她喜歡的南韓男團EXO入圍多個獎項。這是南韓最權威的流行音樂大獎之一，由Mnet電視台舉辦，簡稱MAMA（Mnet Asian Music Awards）。

　　張皓月沒有「翻牆」去視頻網站YouTube看官方直播，而是在中國的直播平台「鬥魚」上收看一位EXO粉絲自己做的直播。「你聽下面的尖叫，是我家！」鏡頭切到EXO——九個面容清秀、穿著華麗的男生，屏幕上滾過厚厚密密的彈幕，都在說「帥」。

　　從下午5點的走紅毯儀式開始，幾萬名EXO粉絲便守在這個虛擬直播間裡一邊觀看一邊吐槽，彈幕間瀰漫著春節聯歡晚會的氣氛。儘管他們中的多數人可能和張皓月一樣，聽不懂頒獎典禮在說什麼，但鏡頭掃到的每一張臉，張皓月幾乎都能叫上名字、介紹幾句。

　　晚上9點多，「最佳女子組合獎」即將揭曉時，直播卻突然斷掉了，取而代之的是EXO此前某場表演的畫面。「主播會切掉TWICE，因為裡面有一個成員周子瑜被曝出台獨醜聞，」張皓月解釋道，「所以我們不看。」

　　南韓女團TWICE的成員周子瑜生於台南，曾因在節目中舉起代表台灣的中華民國國旗，被台灣歌手黃安舉報為「台獨」藝人而

遭大陸網民抵制。幾分鐘後，大概是TWICE發表完獲獎感言了，直播又重新連上了。

對中國韓飯（註：南韓藝人明星的中國粉絲）來說，追逐韓流和表達愛國似乎並不衝突。即便在國家利益的大旗下限韓令隆隆作響時，他們依舊一邊「翻牆」為偶像投票，一邊在微博上高呼：「國家面前無愛豆」（註：愛豆，「偶像」的英文單詞「idol」的諧音）。

「薩德是什麼？」

得知南韓歌手黃致列從《爸爸去哪兒4》中途下車時，23歲的張琪哭了。她在朋友圈連發了7個哭的表情：「為什麼要把我的黃致列換掉！」

《爸爸去哪兒》是湖南衛視從南韓MBC電視台引進的一檔親子戶外真人秀。2016年11月2日，節目組官方微博宣布了黃致列離開的消息，「限韓令全面升級」的傳言在各大網路平台刷屏。

躺在床上舉著手機看《爸爸去哪兒4》，曾是張琪每週五晚8點雷打不動的消遣。為了第一時間看到黃致列，她還購買了視頻網站的會員服務。非會員要等到直播當晚12點才能收看。

『我也沒搞懂為啥突然就有了限韓令，大家都說是因為薩德，』張琪聽到這個詞的第一反應是——『薩德是什麼？』

　　張琪是幼兒園老師，出生至今23年一直生活在山東濟寧，和父母同住。

　　「小城市特無聊，」每天下午四點下班後，張琪就泡在微博和貼吧裡扒黃致列的消息。她給幼兒園的小朋友看黃致列的照片：「這個男的帥不帥？」孩子們回答「帥」。張琪很開心，她跟孩子們說：「這是我男朋友。」

　　兩千多人民幣的月薪，張琪幾乎都花在追星和逛街上了。黃致列來山東錄節目時，張琪特地到高鐵站接他。站在離愛豆兩三步遠的地方，她興奮得雙手顫抖，完全聽不到黃致列在說什麼。

　　「我也沒搞懂為啥突然就有了限韓令，大家都說是因為薩德，」張琪聽到這個詞的第一反應是——「薩德是什麼？」

　　從2016年7月底起，香港、南韓媒體接連報導了廣電總侷限制韓星來中國演藝的消息，並將原因指向「薩德」（THAAD）。

　　2016年初，在北韓實施第四次核試驗後，南韓同意美國在其國土上部署「薩德」——一款攔截導彈的防禦系統。中國政府表示強烈不滿，認為此舉會損害中國的核心利益和東北亞地區的戰略平衡。

8月7日，《人民日報》海外版旗下微信公眾號「俠客島」發文〈中國推限韓令反制薩德？媒體：不能說兩者無關〉，梳理限韓令一旦成真對南韓造成的損失，文中寫道：「對於韓國老百姓來說，掙錢才是硬道理……剩下的，就要韓國政府自己去掂量了。」

什麼限韓令，根本沒聽過，我們是自發限韓的、終於有機會報效祖國了，請國家放心甩鍋，這鍋我背

11月，網路曝光了廣電總局發給各大衛視的內部通知：韓劇、南韓電影、韓星參演的影視綜藝及根據南韓影視改編的作品均不得播出。限韓令全面升級。

與此同時，中國外交部卻表示沒有聽過限韓令，但中韓兩國的人文交流是需要有民意基礎的，並再次重申堅決反對「薩德」。

網民們迅速「領悟」到外交部的「言外之意」，在各大社交平台掀起了波瀾壯闊的聲援活動：「什麼限韓令，根本沒聽過，我們是自發限韓的」、「終於有機會報效祖國了，請國家放心甩鍋，這鍋我背」……廣大韓飯也紛紛表示支持限韓令，高呼「國家面前無愛豆」，並宣稱對自己的偶像「脫粉」（註：脫離粉絲身份）。一時間群情激昂、眾志成城。

張琪感到驚訝又害怕。

　　她並非不關心時事的人，相反，她每天都會花一兩個小時在微博上刷新聞，雖然相當部分是娛樂新聞，但微博熱議的南海仲裁、戴立忍事件，她都會點進去看看是怎麼回事。

　　說起南海仲裁，張琪會把桌子拍得咚咚響：「中國的領土不是你想怎麼樣就怎麼樣！」網路上曝出大陸女藝人趙薇在新片中使用「台獨」藝人戴立忍時，張琪曾跑到趙薇的微博下留言：「我本來很喜歡你，但你現在為什麼是這個樣子！」她感到傷心又氣憤，「為什麼單純的小燕子變得這麼陰暗了？」（註：趙薇因飾演電視劇《還珠格格》中小燕子一角而走紅）

　　但當同樣的事情降臨在她的愛豆黃致列身上時，張琪發現，自己突然不知該做什麼了。

　　黃致列因2016年參加湖南衛視唱歌真人秀《我是歌手》在中國大陸走紅，限韓令的新聞出來後，他成了靶子之一，遭到大批網民攻擊：「棒子趕緊滾回韓國」、「不要再來中國撈金了」……

　你說什麼代表的是他（黃致列），發牢騷都會被人找到黑點，何必添麻煩呢？

像條件反射似的，張琪想要解釋，她對那些辱罵黃致列的人說：歐巴（註：韓語中「哥哥」一詞的諧音）是個很努力、很正能量的人，無關國籍。「或者有的人會相信呢？」不過，細微的聲音總是瞬間被網路上的口水淹沒。

　　「特別傷心」、「以後都看不到他了」……黃致列的粉絲們在微信群裡相互安慰，張琪也在其間。她擔心限韓令會妨礙黃致列的長遠發展。但粉絲們從不在網路上公開表示擔憂。「你說什麼代表的是他（黃致列），發牢騷都會被人找到黑點，何必添麻煩呢？」張琪至今也沒有真正了解「薩德」是什麼，但她懂得在這場風暴中閉緊嘴巴。

當「小粉紅」與「韓飯」合體

　　張皓月的生命中有過至少兩次感動時刻：一次是EXO北京演唱會，一次是天安門升國旗儀式。

　　她記得演唱會上全場粉絲合唱EXO的《彼得潘》：「我們的故事還有一半，某個轉彎，命運還在等待……」夜晚被密密麻麻的螢光棒點亮，1萬7000人的聲音震盪在北京五棵松體育館的上空。那一刻比看到EXO更讓張皓月感動。

還有一次是她去天安門廣場看升國旗儀式。天濛濛亮時，身穿綠色軍裝的國旗護衛隊踢著整齊的正步走上長安街，手臂畫出統一、筆直的線條，軍服在摩擦時發出颯爽的聲音，張皓月突然哭了起來。

　　「我有『大場面綜合症』」，她從演唱會和升旗儀式中獲取了一種相通的東西──歸屬感。

　　張皓月說自己是個「小粉紅」。

　　她常常在大陸問答網站「知乎」上以「中國」為關鍵詞來搜索：「中國有哪些方面的發展是與中國的大國地位不相符合的」、「中國現在有哪些值得自豪的方面」……張皓月熱衷於談論時事熱點，喜歡在微博上看新聞；儘管大一時就學會了「翻牆」，但她每次都只去Twitter和YouTube看EXO的新聞和視頻。

　　和不少同齡人一樣，張皓月喜歡在彈幕視頻網站B站上看「局座」張召忠（註：大陸軍事評論家，因常常發表誇大言辭被戲稱為「戰略忽悠局局長」）談敘利亞內戰、中美關係；也喜歡看動畫片《那年那兔那些事兒》（註：一部民族主義立場的動畫片，將各個國家擬人成動物，講述國共內戰以來的歷史）。

　　最讓張皓月印象深刻的是參觀南京大屠殺紀念館，「太恐怖了，任何人都不想回到那個時候，這就是為什麼我想要國家強盛。」

在2016年底發表的《社會藍皮書：2017年中國社會形勢分析與預測》中，作為大陸官方頂級智囊機構，中國社科院首次給「小粉紅」下了定義：網路愛國青年。「藍皮書」指出，「小粉紅」在成長過程中享有改革開放的紅利，目睹國力強盛，對於國家模式和發展道路認同度更高。

　　當「小粉紅」與「韓飯」合體，而國家與「愛豆」卻要分手時，張皓月們想盡辦法去「挽留」。

『我們真得把公祭日之類的紀念日記得好清楚，』張皓月說，『不然就是往槍口上撞。』

　　2015年12月12日，張皓月和小夥伴們在網上刷了一晚上「芒果蛋糕的做法」，目的是，瘋狂點擊不相干的新聞，讓EXO樂隊的新聞沉下去──尤其不能出現在「微博熱搜榜」上。

　　這是南京大屠殺死難者國家公祭日的前一天。粉絲們都知道，明星若在這樣的日子上微博熱搜榜絕非好事。此前，馬來西亞歌手光良在玉樹地震哀悼日曬小狗的照片，台灣歌手范瑋琪在紀念反法西斯戰爭勝利70週年閱兵日曬兒子照片，都遭到大陸網民圍攻。而EXO剛好在南京大屠殺紀念日的前一天，在南京開了演唱會。於

是，粉絲們拼盡全力，要在網路上讓愛豆隱身。

「我們真得把公祭日之類的紀念日記得好清楚，」張皓月說，「不然就是往槍口上撞。」

百度貼吧的EXO粉絲有297萬，動員能力並不亞於真正的「小粉紅」。當微博上出現關於愛豆的新聞時，資深粉絲就會迅速指揮小粉絲去「控評」（在微博留言區引導評論）。

「我們會有模板，把這幾句話甩個大家，按這個思路做，」31歲的劉娛是宋仲基百度貼吧的吧主，她舉例說，在這個95萬人的貼吧裡，有宣傳組、翻譯組、財務組、製圖組、視頻組等分工明確的各個小組，其中宣傳組的日常工作之一就是監控大的媒體號、公眾號發布的新聞，「發現以後，第一時間去佔領——好的我們要佔，不好的我們要控制，只說我們自己的好。」

2016年12月12日，EXO百度貼吧的官方微博發布公告：明天為國家公祭日，EXO吧將停更一天，希望大家不忘歷史，謹言慎行。

「他沒有發表任何對中國不友好的言論」

26歲的邵薇薇在深圳做品牌策劃經理，工作之餘，也負責宋仲基百度貼吧的策劃、文案。

她是大學二年級時喜歡上宋仲基的，一追就是五年。除了電飯煲，宋仲基代言的每樣東西她都買了。2016年，宋仲基因韓劇《太陽的後裔》爆紅，在亞洲九個城市開展巡迴粉絲見面會。為了組織貼吧裡的粉絲去深圳見面會，邵薇薇連續一個月每天只睡兩個小時。在香港機場組織粉絲接機時，她更是在戶外站了整整7個小時。

　　宋仲基的經紀公司每次發通稿，邵薇薇都會一個字一個字檢查有沒有錯別字、有沒有照顧到粉絲情緒。她尤其滿意的是經紀公司在中國的宣傳話術。很多明星的巡迴見面會都寫「大中華地區，包括台北、香港」，宋仲基的見面會公告上則寫著：「香港、成都及台北等多個城市」。

　　某位韓星的中國後援會成員透露：他們一直拒絕和該名韓星的台灣後援會聯繫，因為對方不承認自己是「中國台灣」。

你連台灣和香港是中國的都沒有搞清楚，你憑什麼來這裡賺錢？

　　「有很多韓國明星來中國賺錢，但無論是對中國還是中國粉絲，一點都不尊重。你連台灣和香港是中國的都沒有搞清楚，你憑什麼來這裡賺錢？」邵薇薇說。

　　南海仲裁結果發布後，邵薇薇在南韓最大的門戶網站Naver上

和南韓網民起了爭執。「（他們）管得也太寬了吧，南海不是中國的也不會是你韓國的，」邵薇薇很生氣，她給南韓網民留言：「none of your business！」（不關你們的事！）

　　一直以來，中國韓飯面對的最嚴厲指責就是「不愛國」。當限韓令來襲時，韓飯們必須抓住這次表達愛國的機會。

　　就像吧主劉娛說的：「喜歡宋仲基的前提是他對我們很尊重。他沒有發表任何對中國不友好、涉及政治的言論。」這是中國韓飯圈的一條底線。

「國土都不完整了，你還玩什麼玩」

　　張皓月還記得，自己小時候電視上播的全是日本動畫片：《貓眼三姐妹》、《百變小櫻》、《名偵探柯南》……直到21世紀初，中日關係逐漸冷卻，至2007年，廣電總局規定各大電視台在黃金時間段只許播放國產動畫片，不許引進「不符合中國傳統文化價值觀念」的動畫片。

　　2007禁播令之後，八九十年代火爆螢屏的日劇、動畫逐漸絕跡，退守到彈幕網站A站和B站。

　　張皓月的姐姐作為一個「日飯」，曾經完整經歷過這個過程。

而張皓月則在日劇的退潮之後，迎來了台灣、歐美，然後是韓國的流行文化。

2016年，又見限韓令。歷史相似卻不同：2007年的禁播令曾引起不少爭議，2016年的限韓令卻贏得一片叫好。

11月，南韓樂天集團和軍方達成換地協議，將慶尚北道星州郡的一處高爾夫球場用作薩德部署用地。中國外交部再次表達反對。

「我覺得是個中國人就無法接受吧，」邵薇薇說，「你說國土都不完整了，你還玩什麼玩？」

不希望宋仲基來中國發展。中國太複雜了，他沒有後台、不了解中國行情，肯定很吃虧。

對邵薇薇來說，限韓令很正常，就「跟交通限行一樣」。接受採訪的幾乎所有韓飯都和邵薇薇一樣，自發地為限韓令正名：

首先，中國文化產業有很多極好的東西需要保護，否則會面臨被韓流吞噬的危險。其次，限韓令可以阻止那些業務平庸、不尊重中國的「十八線韓星」來中國撈金。第三，限韓令並不會阻止他們翻牆、翻越國境去追星。

張皓月強調，追EXO不過是一種消遣，「我追他們的基礎是我

有錢、我活得好好的、我生活在一個很和平的國家裡。」而限韓令
只是讓她從原本的付費平台轉向了翻牆免費下載。

　　劉娛說，「不希望宋仲基來中國發展。中國太複雜了，他沒有
後台、不了解中國行情，肯定很吃虧。」邵薇薇覺得，宋仲基在中
國開見面會時，被中國廠商「弄得很low」，「你要不要一張海報
上有15個logo？」

　　2016年12月31日，邵薇薇和劉娛一起飛到南韓觀看KBS電視台
的年度戲劇頒獎典禮「KBS演技大賞」，能和宋仲基坐在一個會場
裡，她們覺得很開心。

　　張琪打算2017年1月去馬來西亞參加黃致列的粉絲見面會。這將
是她第一次出國。張琪希望限韓令是假的，這樣黃致列就可以來中
國開演唱會了，她又說：「如果歐巴是中國人就好了。」

＊應受訪者要求，本文中邵薇薇和張琪為化名。

新・座標26　PF0222

新銳文創
INDEPENDENT & UNIQUE

萬物生長
──十個故事裡的中國

作　　者	端工作室
編　　輯	戚振宇（端傳媒）
責任編輯	鄭伊庭
圖文排版	莊皓云
封面設計	王嵩賀

出版策劃	新銳文創
發 行 人	宋政坤
法律顧問	毛國樑　律師
製作發行	秀威資訊科技股份有限公司
	114 台北市內湖區瑞光路76巷65號1樓
	電話：+886-2-2796-3638　傳真：+886-2-2796-1377
	服務信箱：service@showwe.com.tw
	http://www.showwe.com.tw
郵政劃撥	19563868　戶名：秀威資訊科技股份有限公司
展售門市	國家書店【松江門市】
	104 台北市中山區松江路209號1樓
	電話：+886-2-2518-0207　傳真：+886-2-2518-0778
網路訂購	秀威網路書店：http://store.showwe.tw
	國家網路書店：http://www.govbooks.com.tw

出版日期	2018年2月　BOD一版
定　　價	280元

Printed in Taiwan

國家圖書館出版品預行編目

萬物生長：十個故事裡的中國 / 端工作室著. -- 一版. --
　臺北市：新鋭文創, 2018.02
　　面；　公分. -- (新. 座標)
　BOD版
　ISBN 978-986-95907-7-8(平裝)

　1. 言論集　2. 中國大陸研究

078　　　　　　　　　　　　　　　　107000153

讀 者 回 函 卡

感謝您購買本書，為提升服務品質，請填妥以下資料，將讀者回函卡直接寄回或傳真本公司，收到您的寶貴意見後，我們會收藏記錄及檢討，謝謝！
如您需要了解本公司最新出版書目、購書優惠或企劃活動，歡迎您上網查詢或下載相關資料：http:// www.showwe.com.tw

您購買的書名：_____

出生日期：_____年_____月_____日

學歷：□高中 (含) 以下　　□大專　　□研究所 (含) 以上

職業：□製造業　□金融業　□資訊業　□軍警　□傳播業　□自由業
　　　□服務業　□公務員　□教職　　□學生　□家管　□其它____

購書地點：□網路書店　□實體書店　□書展　□郵購　□贈閱　□其他

您從何得知本書的消息？

　□網路書店　□實體書店　□網路搜尋　□電子報　□書訊　□雜誌
　□傳播媒體　□親友推薦　□網站推薦　□部落格　□其他_____

您對本書的評價：（請填代號　1.非常滿意　2.滿意　3.尚可　4.再改進）

　封面設計____　版面編排____　內容____　文／譯筆____　價格____

讀完書後您覺得：

　□很有收穫　□有收穫　□收穫不多　□沒收穫

對我們的建議：_____

_____

_____

_____

11466
台北市內湖區瑞光路 76 巷 65 號 1 樓

秀威資訊科技股份有限公司 　　　收

BOD 數位出版事業部

....

（請沿線對折寄回，謝謝！）

姓　　名：＿＿＿＿＿＿＿＿　年齡：＿＿＿＿　性別：□女　□男

郵遞區號：□□□□□

地　　址：＿＿＿＿＿＿＿＿＿＿＿＿＿＿＿＿＿＿＿＿＿

聯絡電話：(日)＿＿＿＿＿＿＿＿＿　(夜)＿＿＿＿＿＿＿＿＿

E-mail：＿＿＿＿＿＿＿＿＿＿＿＿＿＿＿＿＿＿＿